AF465149

GASTON JOURDANNE

Bibliographie
LANGUEDOCIENNE
DE L'AUDE

CARCASSONNE

BIBLIOTHÈQUE DE LA REVUE MÉRIDIONALE

3, Rue Victor Hugo, 3

— 1896 —

BIBLIOGRAPHIE LANGUEDOCIENNE

DE L'AUDE

DU MÊME AUTEUR

Restitution d'un « Pagus de l'Aude ». Paris, Leroux, 1890, in-8°...... épuisé.

Les Littérateurs Narbonnais à l'époque romaine. Paris, Leroux, 1892, in-8° 2 fr.

Esquisses Littéraires et Historiques. (Tirage à 25 exempl. numérotés).. épuisé.

Les Variations du Littoral Narbonnais examinées au point de vue de la concordance des données géologiques avec les descriptions des géographes de l'antiquité (avec une carte). Paris, Leroux, 1892, in-8°. 2 fr.

Etude sur les Littérateurs Languedociens de Narbonne, du XVIIe siècle à nos jours. Carcassonne, *Bibliothèque de la Revue Méridionale*, 1893, in-8°.. 2 fr.

Eloge de Goudelin suivie d'une étude sur le réveil poétique des idiomes d'oc actuels. Carcassonne, *Bibliothèque de la Revue Méridionale*, 1893, in-8°.. 2 fr. 50

Climat, productions naturelles de l'Aude durant la période romaine. Paris, Welter, 1894, in-8°.............................. 1 fr. 50

L'*Hôtel de Rolland à Carcassonne*. Carcassonne, Gabelle, 1896, in-8°.. 1 fr. 50

L'*Evolution Félibréenne*. Avignon, Roumanille, 1896, in-8°........... 3 fr. 50

GASTON JOURDANNE

Bibliographie

LANGUEDOCIENNE

DE L'AUDE

CARCASSONNE

Bibliothèque de la Revue Méridionale

3, Rue Victor Hugo, 3

— 1896 —

(Publié aux frais de l'*Escolo Audenco*)

AVERTISSEMENT

La bibliographie des œuvres de langue d'oc est encore à faire. Généralement dédaignée par les bibliographes de la première moitié du siècle, cette partie, pourtant si intéressante, de notre littérature nationale, n'a point encore été l'objet d'un inventaire méthodique et approfondi. La bibliographie de Pierquin de Gembloux renferme des inexactitudes stupéfiantes. Celle que Mary Lafon a ajouté à son soi-disant *Tableau de la langue parlée dans le Midi de la France* ne vaut guère mieux. Celle de Reboul, en progrès sur les précédentes, présente de nombreuses lacunes.

Le sillon le plus profond a été tracé par le savant Toulousain qui a élevé un véritable monument à la gloire de Goudelin. (*) Nous voulons parler du Docteur J. B. Noulet. Ses deux volumes sont de véritables chefs-d'œuvre de critique littéraire, et les appendices bibliographiques qui les accompagnent sont aussi nets que complets et précis. Malheureusement le Docteur Noulet s'est arrêté aux dernières années du XVIIIe siècle.

A l'heure actuelle, au moment où la Rénovation littéraire des idiomes d'oc, provoquée par le Félibrige, s'étend avec une ampleur inattendue, il convient de dresser d'une manière aussi exacte que possible l'inventaire des richesses de cette littérature. Qu'attend-on pour cela faire ? Comme une marée montante, chaque année, les œuvres félibréennes s'accumulent. D'autre part, à chaque instant, les Catalogues de bibliothèques en vente indiquent des livres encore inconnus qui montrent sous un jour singulièrement révélateur la fécondité des littérateurs d'oc qui ont vécu dans la première moitié du XIXe siècle. Enfin les bibliothèques publiques, mieux explorées qu'elles ne l'ont jamais été, apportent aussi leur contingent de manuscrits ou de livres ignorés appartenant à des écrivains du XVIIIe au XVIe siècle.

Nous avons pensé qu'un pareil inventaire ne peut être dressé par un seul.

* *Œuvres de Goudelin*, collationnées sur les éditions originales, accompagnées d'une étude biographique et bibliographique, de notes et d'un glossaire. Toulouse, Privat, 1877, in-8.

Celui qui tenterait de l'établir rien que pour la période de 1854 (époque de la création du Félibrige), à nos jours, aurait une tâche considérable à remplir, s'il voulait être complet. Il faut spécialiser les diverses parties de ce travail ; il faut que dans chaque région des chercheurs de bonne volonté accomplissent leur part de besogne en se cantonnant dans leur région propre. Et à quoi pourraient être mieux employées les séances de ces groupements locaux, de ces *Ecoles Félibréennes* qui se multiplient suivant la mystérieuse, inéluctable et éternelle loi des zones géographiques ? Après la lecture des poésies aux rimes d'or, des *galejades* ensoleillées de bonne humeur méridionale, quelle plus profitable occupation que de chercher la date exacte, le lieu de naissance et de mort, la situation sociale d'un poète du terroir, de signaler les éditions diverses de ses œuvres ou ses manuscrits encore inconnus ?

Il n'y a pas à dire. C'est surtout en matière de littérature provinciale que la bibliographie doit être faite sur place. Que d'œuvres ne sont parvenues ni à la Bibliothèque nationale, ni même aux Bibliothèques communales des grandes villes de leur région ? Pour les œuvres parues dans la seconde moitié de ce siècle on a les sources sous la main, il n'y a qu'à les chercher : de même quand on veut remonter jusqu'à la fin du XVIIIe siècle. Pour les époques antérieures il n'est rien de tel que de se circonscrire nettemment dans une spécialité pour faire des découvertes inattendues de ceux, et des plus qualifiés, qui espèrent pouvoir embrasser un plus vaste horizon.

Remonter au delà du XVe siècle et arriver jusqu'aux Troubadours nous paraît hasardé. Sans doute une bibliographie complète des œuvres de langue d'oc devrait partir du moment où cette langue commence à se manifester ; mais ce travail nous paraît encore prématuré. La littérature d'oc depuis ses origines nébuleuses qui datent du moyen-âge jusqu'au moment où, après une passagère éclipse, elle a été renouvelée par du Bartas, Bellaud de la Bellaudière, et surtout par Goudelin, n'est pas encore sortie du domaine de la science pure. Il se produit, de ce chef, en ce moment, un travail analogue à celui par lesquels les érudits du XVe et du XVIe siècle ont reconstitué les littératures latine et grecque. La bibliographie des œuvres des Troubadours ne pourrait être faite que par un maître de la critique, telle, par exemple, celle qu'a tentée M. Chabaneau, pour la nouvelle édition de l'*Histoire de Languedoc*.

Nous avons tenu à être plus modeste et n'avons voulu commencer qu'avec l'époque moderne, c'est-à-dire au XVIe siècle. Il y avait encore assez à faire, pour contenter notre ambition, que de parcourir les quatre cents ans que nous avons explorés en nous tenant dans la région de l'Aude.

Un mot maintenant sur notre méthode. Tous les littérateurs languedociens originaires de l'Aude que nous avons pu noter figurent dans notre énumération. Autant que nous l'avons pu nous avons cherché à établir l'état-civil de l'écrivain dont le nom nous arrivait et indiqué aussi rapidement que possible sa situation sociale. Quand nous avons rencontré sur sa personne ou sur son œuvre des renseignements tels que notices biographiques, études littéraires, nous en avons indiqué les sources ; nous n'avons à cet égard aucune prétention à être complet ; nous nous sommes borné à indiquer les documents rencontrés au cours de nos recherches.

Quelques écrivains d'origine étrangère à la région de l'Aude sont mentionnés ; ce sont ceux dont les ouvrages ont été imprimés dans l'Aude ou dont les œuvres ont été publiées dans des journaux ou des revues de ce département.

Nous ne nous flattons pas de nous être préservé de certaines erreurs, et notre travail doit renfermer des lacunes ; mais, comme l'a dit Quérard, une bibliographie n'est jamais complète. A cet égard nous accueillerons avec reconnaissance tous les renseignements et toutes les rectifications qu'on voudra bien nous adresser. Mais il nous semble que si, dans chaque région était faite la même enquête que nous avons essayée pour la nôtre, la Bibliographie des œuvres de langue d'oc aurait fait un grand pas. Alors on pourrait tenter en cette matière ce que Mistral, par son *Trésor du Félibrige*, a réalisé pour ce qui concerne la langue elle-même.

G. JOURDANNE
Majoral du Félibrige.

ELÉMENTS DE BIBLIOGRAPHIE LANGUEDOCIENNE

PIERQUIN DE GEMBLOUX. — Histoire littéraire, philologique et bibliographique des Patois. Paris, Techener, 1841, in-8.

CASTELLANE. — Essai d'un catalogue chronologique de l'imprimerie à Toulouse dans les XVe, XVIe et XVIIe siècles. (Publié dans *Revue Archéologique du Midi de la France*, t. V.)

DESBARREAUX-BERNARD. — L'Imprimerie à Toulouse aux XVe, XVIe et XVIIe siècles. (Publiés dans *Mém. de la Société Archéol. du Midi de la France*, t. VIII, 361 et t. IX, 112). — Tirage à part.

SENEMAUD. — Notices biographiques et bibliographiques des écrivains Carcassonnais du XVIe au XIXe siècle (Publiées dans l'*Annuaire de l'Aude*, 1851.

G. BRUNET. — Notices et extraits de quelques ouvrages écrits en patois du Midi de la France. Variétés bibliographiques. Paris, Leleux, 1840, in-12 (Tiré à 100 exemplaires.)

PIERQUIN DE GEMBLOUX. — Histoire littéraire, philologique et bibliographique des patois et de l'utilité de leur étude ; nouvelle édition suivie de la bibliographie générale des phonopolismes basques. Paris, Aubry, 1858, in-8.

PIERQUIN DE GEMBLOUX et D... (Bibliothèque de MM.). Paris, Aubry, 1860, in-8°.

REBOUL. —Bibliographie des ouvrages écrits en patois du Midi de la France. Paris, Techener, 1877, in-8°.

Docteur NOULET. — Essai sur l'histoire littéraire des patois du Midi de la France aux XVIe et XVIIe siècles. Paris, Techener, 1859, in-8, avec un appendice bibliographique. (Extr. *Revue de Toulouse et du Midi*, 1859 ; tiré à 100 exemplaires.)

Docteur NOULET. — Essai sur l'histoire littéraire des patois du Midi de la France au XVIIIe siècle. Paris, Maisonneuve, 1877, in-8, avec un appendice bibliographique. (Extr. *Revue Langues Romanes*, 1874-77 ; tiré à 100 exemplaires.)

Docteur NOULET (Cabinet de feu le*)*. — Importante collection de livres de divers auteurs Languedociens et Provençaux. Toulouse. Passeman, 1894, in-8.

MARY-LAFON. — Tableau de la langue parlée dans le Midi de la France. Paris, Capin, 1842, in-12.

Auguste FOURÈS. — Anthologie du Lauraguais. Les poètes d'oc de Castelnaudary, Arnaud Vidal et Auguste Galtier. Albi, Amalric, 1891, in-12. (Extr. Journal le *Lauraguais*).

G. JOURDANNE. — Les Précurseurs des félibres dans le Lauraguais. (*Revue Méridionale*, 1891-92.)

BURGAUD DES MARETS. — (Bibliothèque patoise de M.) Paris, Maisonneuve, 1873, in-8. — 2me partie : Paris, Maisonneuve, 1874.

ARMANA PROUVENÇAU. — **REVUE DES LANGUES ROMANES, L'AIOLI, LA CIGALO D'OR.** (V. aux Anonymes : *Journaux.*)

CATALOGUES :

Catalogue des ouvrages légués à la Bibliothèque de la Ville de Montpellier par M. Charles de Vallat. Montpellier, 1891-92, 2 vol. in-8.

Catalogue de la Bibliothèque publique de la Ville de Narbonne par J. Tissier. Narbonne, Caillard, 1891, 2 vol. in-8.

Catalogue de la Bibliothèque publique de la Ville de Carcassonne (manuscrit, à la Bib. de cette Ville.)

Catalogue de la Bibliothèque publique de la Ville de Toulouse (en formation.)

Catalogue des livres imprimés et manuscrits de la Bibliothèque communale de Perpignan par Antoine Fourquet. Perpignan, Alzine, 1866, in-8. (M. Vidal, biblothécaire actuel, va le refaire).

A

AMIC DE L'APENDRISS (Un). Pseudonyme dont nous n'avons pas su découvrir le titulaire.

— Quant eren pichous, respounso à l'Apendriss. (L'*Abeille* de Castelnaudary, 3 Décembre 1846. — V. FRAISSE).

AMIC DE L'ORDRE (Un). Pseudonyme dont nous n'avons pu découvrir le titulaire.

— Le Lioun, le Tigre, le bieil Loup, (dans l'*Abeille* de Castelnaudary, 11 Juin 1846).

ANDRÉ (Marius), né à Sainte-Cécile (Vaucluse), le 5 Juin 1868.

— Dans la *Revue Méridionale* (1893) : La Pireneneo. — Godelive (Etude critique). — Piuso e reculido. — La Glori d'Esclarmoundo (Fragments).

D'ANGONTOURS (Jean), pseudonyme de Gaston JOURDANNE.

APENDRISS (L'), pseudonyme de J.-B. FRAISSE.

ARTOZOUL (Alphonse) né à Carcassonne en 1862, avoué à Uzès.

— Uno Garbeto. Uzès, Malige, 1895, in-12, 59 p.

AUDENCO (ESCOLO), ou *Société des Félibres de l'Aude*. Ce groupe dont le nom indique suffisamment le but et la circonscription territoriale a été fondé officiellement le 4 Juin 1892. Il a été reconnu conformément aux statuts félibréens par autorisation de la Maintenance de Languedoc en date du 24 Avril 1892, et au point de vue administratif par arrêté du Préfet de l'Aude en date du 2 Août 1895. Son siège social est à Carcassonne.

Pour se conformer aux traditions du Félibrige il a été fondé par les *sept* félibres dont les noms suivent : Melle Marguerite SOL, MM. Achille MIR, Prosper ESTIEU, G. JOURDANNE, Paul GOURDOU, Adam PEYRUSSE, Abbé BOYER. Mais, en réalité il faut aussi inscrire parmi ses fondateurs : MM. Achille ROUQUET, Narcisse et Henri SALIÈRES, Paul DUMAS, SEPTEMBER, DAT DE St-FOULC, PRAX, GAYRAUD-DELOUPY, JOUY DE VEYE, etc.

L'*Escolo Audenco* a adopté la devise : *Atax Audax*, empruntée à un vieil historien Carcassonnais du XVIIe siècle, le sieur Besse, qui la mentionne dans son *Histoire des Comtes de Carcassonne*. Béziers, Arnaud Estradier, 1645, petit in-4°, p. 9.

C'est par lui que Carcas-sonne si loin sa gloire,
Que l'on parle de nous comme de la victoire,
Et que le fleuve Atax qui serpente en ces lieux
Prend un nom qui veut dire autant qu'*audacieux*.

Le blason de l'Ecole a été composé par G. JOURDANNE et dessiné par Narcisse SALIÈRES.

Il se décrit ainsi : « Un château fort, pignonné en flanc sénestre, et demantelé, se dressant sur un mamelon aux pieds duquel coule la rivière *Atax* (Aude) ; horizonté d'un soleil d'or levant et rayonnant, au devant duquel vole une alouette d'or ».

Le château demantelé rappelle la Cité de Carcassonne ainsi que les châteaux de l'Aude visités par Montfort. Le soleil rappelle les *Chants du Soleil* d'Auguste Fourès, et l'alouette la *Cansou de la Lauseto* d'Achille Mir.

PUBLICATIONS de l'ESCOLO AUDENCO :

— La première a consisté en un numéro de la *La Revue Méridionale* (Juin 1892) spécialement consacré aux Félibres de l'Aude.

— La seconde en une brochure : *Ste-Estelle à Carcassonne*. Carcassonne, Servière, 1893, écu in-4°, 76 p., exclusivement consacrée au compte-rendu des fêtes félibréennes célébrées dans cette ville les 10, 11, 12 Mai 1893. Cette brochure rédigée par Achille Rouquet, Gaston Jourdanne et Albert Sarraut, renferme une planche hors-texte donnant les portraits des principaux félibres ayant assisté à ces fêtes.

Cinq exemplaires ont été tirés sur papier impérial du Japon. A ces exemplaires sont jointes cinq planches en photogravure donnant des vues de la Cité de Carcassonne.

— La troisième publication est la présente Bibliographie. —

— Les prochaines comprendront :

Celle de l'*Eneido* de Bergoing, ainsi que les œuvres de plusieurs poètes languedociens de l'Aude, anciens et modernes.

Celle de proverbes et dictons populaires, etc.

B

De BARONCELLI de JAVON (Le marquis Folco), directeur de l'*Aioli*, né à Avignon le 1er Novembre 1869.

— L'Estello (dans la *Revue Méridionale*, 1893).

BELMAS (Louis), né à Montréal-d'Aude, le 11 Août 1757, curé constitutionnel de St-Michel de Castelnaudary (1791), coadjuteur de Besaucèle évêque de l'Aude (1800 et 1801), archevêque de Cambrai (1802) grand-officier de la Légion d'honneur, baron de l'Empire, mort à Cambrai, le 23 Juillet 1841).

Not. Biog : MAHUL (*Cartul. de Carcassonne*, III, 273). — A. FOURÈS (*Les hommes de l'Aude*, 104). — G. JOURDANNE (*Esquisses littéraires*, 27).

— Poésies Languedociennes.

BELMAS a rimé en languedocien ; quelques-unes de ses pièces furent imprimées ; elles sont absolument introuvables. — Vers 1856, dans une vente de livres faite à Paris, fut vendu un recueil de poésies manuscrites formé par un chanoine du nom de Filhol. Ce recueil fut acheté par un nommé Saussi qui l'emporta à Plaisance en Italie. Les vers suivants, qui sont de Belmas, y furent copiés par M. de Teule ; ils paraissent inédits :

E per qu'un moutif, se bous plaï,
Boulets pas pus ne faire maï ?
Parceque bostr' ancien bicari
Bous a calque cop critiquat,
Coumo s'ero pas ourdinari,
Coumo s'ero pas arribat,
Al mens despei quatre bint naou,
Qu'un balet sio debengut mestre ?
Où ne bets coumo quand ne plaou
Qu'an cambiat de maniero d'estre.
Le qu'ero simple pastourel
Es aro mestre dal troupel...
Es inutile de ba dire,
A bous tourni, moussu 'l ritou.
Un autre mouyen deou suffire
Per retene bostre garçou
Dins soun deber ou l'i remetre ;
Quand besets que se bol permetre,
De critica, prenets un broc,
E coumo se batiots de lano
Pim, pam, tric, trac, e cric e croc,
Abiat coumo quand degrano.
Quand deurio bous faire la mino,
Quand deurio bous moustra las dents,
Ame'l baume de Ramoundens (1)
Bous i cal ferme unta l'esquino...

De BERGOING ; vivait à Narbonne au milieu du XVIIe siècle.

Not. Biog. : BRUNET. (*Revue du Midi*, Montpellier, GRAS, 25 Avril 1844.) —

(1) Ramondens, forêts de l'Aude. *Baume de Romondens*, onguent de Ramondens, bâton de la forêt des Ramondens.

NOULET (*Hist. littéraire des patois*, I. 193.) — G. JOURDANNE, *Etude sur les Littérateurs languedociens de Narbonne.*)

— L'*Eneido de Virgilo*, libre quatriesme, revestit de naou e habillat a la brullesco, suivi du *Retour de Didon*, Narbonne. D. Le Cuirot, 1652, pet. in-4. 10 p. liminaires non fol. — L'Enéide, 62 p. Le Retour de Didon, 7 p. non foliotées.

(Cet ouvrage est, selon nous, le plus précieux de la bibliographie languedocienne de l'Aude. Dans son incomparable collection, Noulet n'avait qu'un exemplaire où manquait le frontispice et qu'il avait refait de sa main. Nous le possédons. — 28 fr. vente Noulet.)

BERTHOMIEU (A), de Ginestas.

— Dans l'*Armana Prouvençau* : Cresenço en Dièus (1860).

— Dans les *Muses du Midi* : La Nèou : (1864).

BERTRAND (Léon).

— Dans la *Revue Méridionale* : Cansou Patrioutico (1887). — Demandos e respounsos (1888).

BIRAT (Hercule), surnommé le Chansonnier Narbonnais, né à Narbonne le 12 Thermidor an IV, mort dans cette ville le 4 Mai 1872.

Not. Biog. : Armana Prouvençau 1873. — G. JOURDANNE (*Les Littérateurs languedociens de Narbonne)*.

— Chanson dialoguée en patois et en français à propos des dernières élections communales de Narbonne, octobre 1849. Narbonne, Caillard, 1849, in-8, 8 p.

— La Coumplainto de la Marianno. Carêmé et Carnabal. Narbonne, Caillard, s. d. (1850) in-8, 24 p. et VIII p. d'en tête.

— La Passiou dal Paouré Cansounié Narbounès. Pot pouirit demagogico-soucialisto. Narbonne, Caillard, 1850, in-8, XI et 60 p.

— Lou Partachur acaprissat e lou partachur descouratchat, cansou dialougado. Narbonne, Caillard, s. d. 8 p.

(Birat, probablement avant de faire imprimer ses deux volumes de *Poésies Narbonnaises*, — V. plus loin, — avait réuni en un recueil factice les quatre brochures ci-dessus, plus *Le Chant Communiste* et *la Fête de N. D. du Cros*, que nous ne citons pas plus haut parce qu'ils sont en français ; le tout sous une couverture imprimée, avec le titre : *Poésies Badines, Narbonne, Caillard, s. d.* — Ces exemplaires sont fort rares. Celui que nous possédons doit avoir appartenu à Birat ; il porte, écrites au crayon, les modifications que l'auteur fit subir à certains passages en les réimprimant dans les *Poésies Narbonnaises* V. *Catalogue Burgaud des Marets*, numéro 1086.

— Poésies Narbonnaises en français ou en patois suivies d'entretiens sur l'histoire, les traditions, les légendes, les mœurs, etc..., du pays Narbonnais. Narbonne, Caillard, 1860, 2 forts vol. in-8.

(Birat y a réuni la plupart de ses œuvres parues antérieurement et y en a ajouté de nouvelles. Les deux volumes sont cotés 10 fr. dans le 393. Catalogue Baillieu).

— Le sermon du Père Bourras.

(Ce conte a été inséré dans le second volume des *Poésies Narbonnaises*. — V. ci-dessus. — C'est la première mise en œuvre du dicton populaire de Ginestas (Aude), sur lequel, plus tard, Roumanille, Alphonse Daudet et Achille Mir ont successivement traité le *Sermon du Curé de Cucugnan*. Sur cette question plus développée : V. G. Jourdanne, *Etude sur les littérateurs languedociens de Narbonne*. Mais profitons de l'occasion pour redresser une erreur que nous avons commise dans cette étude ; nous avons dit que Roumanille avait écrit le *Sermon du Curé de Cucugnan* dans l'*Armana Prouvençau* de 1859 ; c'est dans l'*Armana* de 1867 qu'il a paru. — Birat avait écrit le *Sermon du Père Bourras* en vers français ; Auguste Fourès l'a traduit en vers languedociens dans le *Gril* de Toulouse, Janvier, Février 1892.)

Voici le dicton de Ginestas : Le Père Bourras, curé de ce village a un songe ; il rêve qu'il est à la porte du Paradis. Il frappe pour voir s'il y trouvera quelques-unes de ses ouailles :

« — Pan ! Pan ! qui tusto debas ?
« — Lou Paire Bourras.
« — Qual demandas ?
« — De gens de Ginestas.
« — Aici n'i a pas
« Anats pus bas. »

Au Purgatoire même réponse. Désolé le père Bourras se présente à la porte de l'Enfer et pose la même question. On lui répond :

« — Dintrats, dintrats,
« N'i en manco pas. »

BONNEL (Stanislas), de Narbonne.

— Jano la Sourcieiro. Narbonne, Sounié, 1844, in-8°, 11 p.

— Mort de Janeto. Narbonne, Sounié, 1845, in-8°.

BOURGALET (Lou). — Pseudonyme d'Achille MIR.

BRU (André), né à Canet.

— Ma Pipeto (*Moniteur de l'Aude*, Novembre 1842).

BUZAIRIES (Louis-Alban), né à Cantauque, près Villebazy, le 15 Novembre 1807, docteur en médecine à Limoux, où il est mort le 13 Décembre 1873.

— Biographies Limouxines. Notices sur les hommes qui par leurs talents ou par leurs œuvres se sont fait un nom distingué dans l'arrondissement de Limoux. Limoux, J. Boute, 1865, in-8°.

(Nous citons cet ouvrage parce qu'il renferme des notices sur divers poètes languedociens de Limoux et des extraits de leurs œuvres. — Peu commun).

C

CAFFORT père, chirurgien à Narbonne.

— Prouberbis et redits Narbouneses, recullits e rengats per lettro alphabetico.

(Cette collection de proverbes a paru plusieurs fois dans l'*Almanach utile et recréatif*, publié à Narbonne par la maison Caillard, in-32. Chaque année cet Almanach en publie un certain nombre).

Carcassounés (Un). Pseudonyme dont nous n'avons pu découvrir le titulaire.

— Epitro à Jasmin, coiffur et poeto sur la brillanto réceptiou que la bilo de Toulouso ben de li faïre à l'oucasiou de sa *Françouneto*.

(Dans la *Chronique de l'Aude*, 18 Juillet 1840).

CASSANÉA (Jean-Joseph) dit Mondonville, né à Narbonne le 25 Décembre 1711 (archives de St-Sébastien de Narbonne), mort à Belleville, le 8 Octobre 1772, compositeur et maître de musique de la chapelle du Roy.

Not. Biog: L. Galibert. (*J. J. Cassanéa de Mondonville, notice biographique*, Narbonne, Caillard, 1856, in-8°, 38 p. — Dr Noulet (*Hist. Littér. des patois*, t. II, 113). — L. Narbonne. (*Un musicien Narbonnais*, dans *Courrier de Narbonne*, 16, 23, 30 Décembre 1886). — A. Fourès (*Les hommes de l'Aude*, 234). — Félix Clément (*Les musiciens célèbres*, 93.)— *Mercure de France*, 1772).

— *Daphnis et Alcimadure*, pastorale languedocienne, représentée devant le Roi à Fontainebleau, le 20 Octobre 1754, Paris, Ballard, in-4°. (Dans les *Spectacles donnés à Fontainebleau pendant le séjour de leurs Majestés en l'année* 1754, Paris, Ballard, in-4°).

Autres éditions : Paris, Ve Delormel et fils, 1754, in-4°. — Paris, Ballard, s. d. in-4°, 48 p. — Paris, Ballard, s. d. in-8°, 35 p. — Paris, Vve Delormel et fils, 1755, in-8°, 30 p. — Paris, Vve Delormel et fils, 1756, in-8°, avec explications sur le dialecte languedocien. - Paris, Ballard, 1764, in-8°. — Paris, Delormel, 1768, in-4°. — Paris, Ballard, 1774, in-8°, 23 p. — Bordeaux, Philippot, 1791, in-8°.

La partition de la pastorale dont s'agit, et dont les paroles et la musique sont de Cassanéa, ne fut gravée qu'en Février 1755 (Dédié à Madame la Dauphine; paroles languedociennes accompagnées d'une traduction interlinéaire), œuvre IX, gravé par le sieur Hue à Paris, imprimé par Montouloy, s. d. in-fol. — Paris, l'auteur, gr. in-4°.

— *Daphnis et Alcimaduro*, pastouralo toulouzeno de M. de Mondonvillo, accoumodadou a nostre patois de Mountpellié per estre executado dins nostro Academio de Musiquo lou 25me dou mes d'Aous d'aquesto annado. Montpellier, Rochard, 1755, pet. in-4°. — Autres éditions : Montpellier, Rochard, 1758, in-8°, 23 p. — Paris, Didot, 1778, in-8°, 28 p. — Toulouse, 1785, in-4°.

(Noulet possédait, entre autres, un exemplaire de la partition gravée; il a été acquis pour 25 fr. par M. Daguilhon-Pujol. — Un exemplaire des *Spectacles pour l'année 1754*, Ballard, in-4°, aux armes de Mme de Pompadour, est coté 1,500 fr. par le Catalogue (1894) de la librairie Fontaine).

CAZAINTRE (Jean), né à Carcassonne, le 18 Janvier 1758, chanoine théologal de la cathédrale de Carcassonne, mort dans cette ville le 18 Juillet 1820.

Not. Biogr. : Viguerie (*Annales de Carcassonne*, I, 33). — Senemaud (*Annuaire de l'Aude*, 1851.—Mahul (*Cartul.* VI, 2me, 164). — Noulet (*Hist. Litt. des patois*, t. II, 181).

— Le Nouè das Bargaïres, s. l. n. d., in-12, 12 p. (antérieur à 1789).

— Nouès de J. C. R. de St-P., diouceso de Carcassouno. — Carcassonne, Vve Teissié, 1810, in-18, 32 p. — Carcassonne, Gardel-Teissié, 1820, in-18, 38 p.

(J. C. R. de St-P., signifie : Jean Cazaintre, ritou de Sant-Papoul).

— L'Agasso bavardo, fable. (Publiée par Labouisse-Rochefort dans *Préface de Poésies Languedociennes*. V. Laboüisse).

— La Cigalo et la Fourmigo, fable (publiée dans le *Gril*, 22 Mars 1891).

— Nouès per le tems de l'Aben. Carcassouno, imprimarié de la Bèuso Teissiè, s. d., in-18°, 32 p., 1807.

(Ce Recueil est anonyme, et nous ne pouvons affirmer qu'il soit de l'Abbé Cazaintre; mais il renferme le Noël des *Bargaires* qui est certainement de lui).

— Cantique Languedocien de St-Papoul

(Reproduit par Hennet de Bernoville, *Mélanges concernant l'Evèché de St-Papoul*. Paris, Lainé, 1863, in-8°)

— Les Adious al Païs.

(Reproduit par C. Pont dans *Histoire de la Terre privilégiée du Kercorb*. Paris, Dumoulin, in-8°, p. 240).

CAZALETZ (Théodore).

— Tourment d'amour, ou la jalousie, avec une pensée en idiome languedocien sur la mort d'Hortense. — Narbonne, P. J. Sounié, s. d. (1860) in-8°.

CEREN (Marcel), né à Villalier (Aude); fut longtemps avocat à Toulouse où il est mort vers 1882.

— A ma Béatrix (*Gazette du Languedoc*, 9 Mars 1847)

— L'abanturo de Jaques. — Toulouse, Pinel, s. d., 8 p., in-8°.

— Ma Museto, poésies languedociennes, texte et traduction et quelques poésies françaises par le même auteur. Toulouse, impr. Labouisse-Rochefort, s. d. (1845), in-8°, 212 p. — Rare.

— Las bacanços de Jan de Nibelo que ba beze sa belo, texte et traduction. Toulouse, Labouisse, s. d. in-8°, 16 p. (Extr. du journal le *Goudouli*).

— Pastourelo; à Madoumaisello Camilo de Labouisse, in-8°, 4 p.

— Lou Poutou, chansonnette (publiée par le *Gril*, 6 Décembre 1891).

(Ne pas confondre avec le *Poutou*, de Mengaud' musique de Rupès, publiée par la *Revue Méridionale*, 1896.)

— *Le Goudouli* (V. aux Journaux).

— Inauguratiou de la statuo de Sànto Germano de Pibrac sur la plaço San Jordi de Toulouso, le Dimanche 9 Juillet 1877. — Toulouse, Dupin, 4 p.

Las Estrenos dal prumiè de l'an 1880 à Toulouso. — Toulouse, Creyssac et Tardieu, 8 p.

— Cantato. Les oubriès de l'ilo de Tounis e aquelis del barri de Sent Subra à la bilo de Toulouso (publiée par le journal le *Goudouli*).

CIGALO DE L'AMOURIÈ (La), pseudonyme et titre félibréen d'Achille Mir.

CIGALO DE LA LIBERTAT (La), pseudonyme et titre félibréen d'Auguste Fourès et d'Antonin Perbosc.

CIGALO DE LA PATRIO (La), pseudonyme et titre félibréen de G. Jourdanne. (Antérieurement de Paul Gaussen, d'Alais.)

COMBETTES (dit Cauquel) né à Castelnaudary, ouvrier tourneur, mort aveugle à Toulouse vers 1872.

Not. Biog : A. Fourès (Dans sa *Gueuserie*, Narbonne, Caillard, 1889, in-8. 42), a donné une silhouette de Combettes. — On a dit que Cécile Combettes, la victime du frère Léotade à Toulouse (1847) était la fille de ce poète, mais ce n'est pas exact. — Le surnom « Cauquel » signifie « cloque du millet » en languedocien.

— Recuil de cansouns patoisos. Castelnaudary, Groc, 1835, in-12. 36 p. — Très-rare. (5 fr. vente Noulet).

— Le Capou de la gato, cansou (Dans le *Gril*, 8 mars 1891).

— Le Roussignol de Sant-Jan (dans *Le Gril*, 12 avril 1891).

CROS (Adolphe), né à Fendeille (Aude), le 9 février 1826, mort à Marseille le 9 février 1889.

— La Mal Foc (Dans le *Gril* 22 octobre 1893.)

(Pascal Cros, directeur du journal Marseillais la *Sartan* est le fils d'A. Cros. Sous le pseudonyme: *Rimo-Sauço* Pascal Cros s'est fait un nom connu dans le journalisme en langue d'oc.)

D

DARTIGUES-LONGUE, maître apothicaire à Narbonne à la fin du du XVIIIe siècle.

— Cansou a l'hounou de Mounseignur l'Archevesque de Narbouno per lou felicita dal Courdoun Blu et le remercia del Canal. Narbonne, s. n. 1776, in-4, 4 p. (1 fr. 50 vente Noulet.)

(Il s'agit de l'archevêque Dillon qui venait d'obtenir le Cordon bleu et avait fait opérer la jonction du Canal de la Robine au Canal du Midi.)

DAT de St-FOULC (Charles), président de la *Société d'Etudes scientifiques de l'Aude*, né à Carcassonne en 1822, mort dans cette ville en Novembre 1895.

— Prière à Clémence Isaure. Carcassonne, Servière, 1894, in-8°, 6 p. (Extr. *Revue Méridionale*).

DAVEAU (Dominique), né à Carcassonne le 10 Janvier 1804, d'abord coiffeur dans cette ville, puis employé à la Mairie de Toulouse et aux Canaux du Midi, mort à Toulouse le 4 avril 1870.

— *Not. biog.* : Anonyme (*Sur les poésies de Daveau de Carcassonne.* Paris, Claye, 1849, in-8, 19 p.) — Mahul (*Cartul.* VI, 2, 171.)

— Odos presentados al councours oubert per la Soucietat archeologiquo de Beziers. Carcassonne, Pomiès-Gardel, 1839, in-8, 15 p.

— Pouemo en l'hounou de l'inauguratiou de la statuo de P. P. Riquet à Béziers. Carcassonne, Pomiès-Gardel, s. d. (1839) in-8, 16 p.

— Le passatché de la mar Roujo, odo, Carcassonne, C. Labau, 1840, in-8, 8 p. (Publiée par la *Chronique de l'Aude*, 6 juin 1840.)

— Pouesios bariados. Carcassonne, C. Labau, 1841, in-8, 172 p. (avec un glossaire). Nous possédons l'exemplaire qu'il a dédié à Jasmin.

Voici cette dédicace :

N'ei qu'un brin de laouriè, mais tu n'as uno garbo,
Si toun floc es pu bel ne soun pas estounat ;
Toum razou cado jour, per l'esprit azugat,
Dins un birat de ma ben de me fa la barbo.

— La Granabido (*Moniteur de l'Aude*, 1842).

— Ma prégario a Dious à l'oucasiu d'uno malaoutiè. Toulouse (1845) in-8, 4 p. — Peu commun.

— Uno albado a Toulouso le premie may. Toulouse, Bonnal et Gibrac, 1846, in-8, 12 p.

(On la trouve dans le *Journal de Toulouse* du 2 mai 1846 et dans l'*Abeille* de Castelnaudary du 14 mai 1846.)

— Respounso à l'orphelin.

(Cette pièce est une réponse au *Paouret Orphelin* de Vestrepain. On la trouve dans les œuvres de ce poète : *Las Espigos de la Lengo moundino*. Toulouse, Delboy, 1860, in-8, p. 48 dans l'*Abeille* de Castelnaudary, 1844, ainsi que dans les *Pouesios bariados*, p. 69

— A Mademoiselle ***, 1 page in-8°.

(Extr. du *Gay-Savoir*, journal de Toulouse, février 1848).

— Las Pasquos d'uno Bierjo martiro. Toulouse, Bonnal et Gibrac, 1848, in-8, 15 p.

(Il s'agit de Cécile Combettes).

— Le Piboul de la Redorto ou l'albré Riquet. Toulouse, Bellegarrigue, 1852, in-8, 4 p.

— Houmatge a Riquet, a l'oucasiu de l'inauguratiou de sa statuo à Toulouso. Toulouse, Bellegarrigue, 1853, in-8, 8 p. de texte et 4 p. de traductiou.

— Eligio sur la mort de Looun Camayou.

(Dans la *Chronique de l'Aude* 29 aout 1840.)

— Mountouliou.

(Dans la *Chronique de l'Aude* 12 Septembre 1840.)

DEGRAND (Jacques), né à Carcassonne, le 13 Avril 1783, avoué, puis juge au Tribunal de cette ville où il est mort le 2 Juillet 1867.

Not. Biogr. : Mahul (*Cartul.* VI, 2me, 175).

— Carnabal dins l'ilo das sages, pouemo en quatre cants, s. d., 1803, in-8°, 27 p. Très rare.

(V. *Almanach des Muses des départements méridionaux.* Toulouse, 1804, in-8°.

— Las matinados de J*** D**. Carcassonne, Gareng, 1808, in-12.

— Le Repaich campestre ou l'empouisounoment dal barreou de Carcassouno, poemo coumique, seguit d'elegios et de pouesios dibersos. Carcassonne, Labau, s. d. (1823), in-8°, 87 p.

(V. *Journal anecdotique de Castelnaudary*, 19 Mars 1823. Le Catalogue Burgaud des Marets, n° 1104, attribue par erreur cet ouvrage à Daveau).

— Las Souerados (1re partido), Carcassonne, Labau, s. d. in-8°, 24 p. Rare.

— Elotche de las Sors de Caritat. (Carcassonne, Labau), s. d. in-8°, Très-rare.

— Las Souerados (2me partie)...

(Annoncées sur la couverture de l'*Elotche de las Sors de Caritat.*, elles n'ont vraisemblablement point paru).

DELILLE (Abbé).

— L'Ourmo de Sant-Paulet (Dans l'*Abeille* de Castelnaudary, 24 Juin 1852).

DENAT (Auguste), peintre, de Castelnaudary.

(Prend quelquefois le pseudonyme : *Le Sourcié dal Mas*).

— L'Hibèr (Dans l'*Abeille* de Castelnauday, 15 Janvier 1846).

— Matou, fable (Dans les *Muses du Midi*, 1865).

— Prounoustics per l'an 1848 (Dans l'*Abeille* de Castelnaudary, 30 Décembre 1847).

— Prounoustics per l'an 1853 (*Ibid.* 6 Janvier 1853).

DOC (Jean), pseudonyme de Prosper Estieu.

De DOURGNE (B.), pseudonyme dont nous n'avons pas su découvrir le titulaire.

— Bouiatge des amatous Moussu Grabo e Moussu Margot le Bentriloquo à Dourgno. Scéno ché l'armacié de la Ribièro. (L'*Abeille* de Castelnaudary, 9 Juillet 1840).

DUCLOS (Mlle Claude), née à Gerde, (vers 1872), connue en littérature sous le nom de Philadelphe de Gerde, aujourd'hui Madame Riquier.

— Dans la *Revue Méridionale* : Stances à Mistral. — Qu'ero tard. — Ero noubieto, 1893.

(Dans ce même Recueil, p. 132, on trouve un air noté, composé par elle sur la *Roumanço dou Rei en Peire*).

E

EMBRY (Les frères), de Castelnaudary.

Les frères Embry étaient deux frères. Le cadet, plâtrier, a composé quelques chansons : *La Tisano de Gabel, Le Cagarot*, etc. L'aîné était chanteur ambulant et chantait souvent des compositions de son frère.

— *La Tisano de Gabel* a été imprimée en 1858 ou 1859 chez Labadie, à Castelnaudary. Elle a été reproduite par P. Fagot, *Folk-Lore* du Lauraguais, p. 225.

ESCATSAT (L'), pseudonyme d'Achille Mir.

ESPERON, bourgeois de Carcassonne au milieu du XVIIIe siècle.

— Stances sur les travaux de conduite des eaux de l'Aude à Carcassonne, 1743.

(Assez médiocres ; conservées par Viguerie Annales de Carcassonne, t. II, mrs. f° 133).

ESTIEU (Prosper), instituteur, né à Fendeille, le 7 Juillet 1860.

— *Not. Biog* : Jan Soulèu (Dans *Cigalo d'or*, 1er mars 1892). — Pseudonymes : Prousper Estiu, Jan Doc.

— *Le Lengodoucian* (V. aux Journaux).

— Lou Terradou, sounets lengodoucians, Carcassonne, Bibliothèque de la *Revue Méridionale*, 1895, in-8. 294 p.

— à *Bertrand de Born*, sirventes.

(Publié dans *Lemouzy*, organe des Ecoles Félibréennes du Limousin, juillet 1895).

E. T. (initiales d'auteur inconnu.)

— Le *Lebriè*, fablo (Dans l'*Abeille* de Castelnaudary, 25 février 1843).

F

FABRE (Paul), de Roujan (Hérault), secrétaire de la mairie de Lézignan.

— Caritat, poésie patoise. Ribaute, Alquié, 1887, in-8, 4 p.

— Dans la *Revue Méridionale* : La mort e lou Sacripant (1887).

FAIDIT (Albert), pseudonyme d'Auguste Fourès.

FAGOT (Paul), notaire à Villefranche-Lauraguais.

— Folk-Lore du Lauraguais. Albi, Amalric, 1891-93.

(Publiées dans le journal le *Lauraguais*, ces études, se poursuivent toujours intéressantes).

— Essai sur les traditions populaires de l'Aude (*Revue Méridionale* 1893-94).

FARGUES (Hippolyte), né à Alzonne le 29 Juin 1821, maire d'Alzonne en 1848, interné au 2 Décembre dans le département du Tarn à cause de ses opinions républicaines, mort à Toulouse le 17 mars 1870.

— *La Camizo de l'home hurous*, conte en vers patois, suivi de la *Grazalo*, poème patois, Toulouse, Delboy, 1868, in-12, 101 p. (avec deux gravures et deux glossaires.)

(*La Grazalo* a été reproduite dans le journal le *Lauraguais*, 7 Juin 1891 et dans la *Revue Méridionale*, 1894).

— Dictionnaire patois-latin-français, latin-patois-français, français-latin-patois des plantes qui croissent spontanément dans le Midi de la France et principalement sur la Montagne-Noire, comprenant leur habitation, leur description et leurs propriétés médicinales ou industrielles. St-Denis, typ. de Drouard et Moulin, 1859.

(Honoré d'une médaille d'or, par la Société Littéraire et scientifique de Castres, cet ouvrage n'a pas été imprimé entièrement. Il a commencé à paraître en 1859. En dehors des idiomes d'oc proprement dits Fargues y a inséré des noms bretons, picards...)

— *La Velhado*. — *Moun Oustalet*. —

(Couronnés par l'Académie de Béziers, 1868, 1869.)

FIGEAC, ingénieur civil du diocèse de Narbonne au XVIIIe siècle.

— Cansou nouvelo :

Lous tetous de la Margarido
Fan lous delicis de moun cor...

Chanson composée en 1785. — V. Noulet. (*Hist. Littér. des patois*. t. II, 191. —

FIL (André-Eugène), né à Narbonne, le 1er Mars 1819, mort le 28 Février 1885, artiste-peintre.

(La famille de M. E. Fil possède un certain nombre de poésies languedociennes inédites de cet auteur. — V. G. Jourdanne : *Etude sur les littérateurs languedociens de Narbonne*).

FLORET (Balthazar), d'Agde.

— Dans les *Muses du Midi* : La Tourtourèlo, 1864. — Imitaciu d'uno Odo d'Horaço, 1864.

FOURÈS (Auguste-Laurent), né à Castelnaudary, le 8 Avril 1848, homme de Lettres, félibre majoral sous le titre de *Cigalo de la Libertat*, adjoint au maire de Castelnaudary, mort dans cette ville le 4 Septembre 1891.

Not. Biogr : *L'Escarmouche*, 18 Juillet 1886. — L.-X. de Ricard. (*Un poète national*, Paris, Savine, 1888. Extr. de la *Revue moderne*). — P. Mariéton (*Le félibre A. Fourès*, Lyon, Pitrat, 1883, in-8°. Extr. de la *Revue Lyonnaise*). — P. Mariéton (*Le dernier Albigeois*, dans *Revue Bleue*, 10 Avril 1887). — A. Perbosc (*Aug. Fourès*, dans *Revue Félibréenne* 1891). — G. Jourdanne (*Le poète Aug. Fourès*, dans *Revue des Pyrénées*, 1892. — Alcide Blavet (*Cigalo d'Or*, Juin, Juillet 1891).

— Achilo Mir et la Cansou de la Lauseto. Carcassonne, Labau, 1875, in-8°, 7 p.

— La Croux del grand Aigat. Castelnaudary, Chavard, 1875, in-8°, 24 p. — 2me édition, Paris, Maisonneuve, 1879, in-8°, 20 p.

(La 1e édition a paru sous le titre : *La Croux de l'Inoundatiu*).

— Le Cant des Poutiès (avec traduction française), Montpellier, Hamelin, 1876, in-8°, 6 p. (Extr. *Revue des Langues Romanes*).

— Le Vincedou a la Batesto do Poulhs

d'en Alecsandro Falguièro, estatuari toulousan, Montpellier, in-8°, 4 p., avec traduction française.

— Le Coumpousitou, Montpellier, Hamelin frères, 1879, in-8°, 20 p.

— Per l'Alsacio-Lourreno, manadet de verses franceses, lengodoucians e prouvençals. Paris, Maisonneuve; Avignon, Roumanille, 1883, in-8° 103 p.

(Ce recueil ne renferme qu'une poésie de Fourès : *Le Claroun d'Estrasbourg* ; mais il doit figurer ici car c'est sur son initiative qu'il fut publié).

— Les Sirventes vehements. — La Coco del Pople, Marseille, impr. de la *Ligue du Midi*, 1888, in-8°, 8 p.

— Le Cassolet, monographie humoristique, avec fac-similé d'un dessin à la plume de Falguière. Carcassonne, Lajoux, 1889, gr. in-8°, 18 p. — Extrait de la *Revue Méridionale*).

— La Lauseto, *Armanac dal Patrioto Lengodoucian* per l'an 1877, Toulouse, Brun, in-8° carré, 200 p. (avec une eau-forte).

— La Lauseto, *Armanac dau Patriota latin*, 2ma annada, 1878, Montpellier, impr. Boehm, in-8° carré, 296 p.

— La Lauseto, an 1879, 3mo annado, Mountpelhè, Trouche, in-8° carré, 128 p.

— La Lauseto, *Almanac del Patrioto Lati*, libretou des Félibres republicans per l'an de Libertat 1885, Castres, Huc, gr. in-8°, 100 p.

(La collection de ces quatre Almanachs, où de nombreux poètes d'Oc se groupèrent à l'appel de Fourès et de son ami L.-X. de Ricard, est des plus curieuses).

— La Cigogno, pouemo patrioutic. (Tulle, ... 1882).

— G. de Salluste du Bartas, poète gascon. (Dans *Revue des Pyrénées*, 1891, p. 148).

— Anthologie du Lauraguais. — Les Poètes d'Oc de Castelnaudary. — Albi, Amalric, 1891, in-12, 41 p. (Extrait du Journal le *Lauraguais*).

— Les Grilhs, poésies Languedociennes. Paris, Maisonneuve, 1888, in-8°, 187 p., avec la traduction française en regard).

— Les Cants del Soulelh, poésies Languedociennes. Paris, Savine; Carcassonne Servière, 1891, gr. in-8° 356 p., avec la traduction française en regard).

(Dans ces deux derniers recueils Fourès a réuni un grand nombre des poésies qu'il avait fait paraître antérieurement).

— Supplément Littéraire du *Gril*, (V. aux *Journaux*).

— Le Sermou del Paire Bourras (V. Birat).

— Countaralhos d'En Bernat, moun ouncle (Publiées par la *Cigalo d'Or*, Janvier-Avril 1891).

— Pichounos Lettres (Publiés par le *Gril*, 1891).

— Obros postumos del felibre majoural Augusto Fourès.

(La mort ayant surpris Fourès au moment où il allait publier un troisième recueil de ses Poésies, M. Sirven, directeur du *Gril*, de Toulouse, en a annoncé la publication. Le volume doit former 500 pages et comprendra : *La Sego*, 138 pièces ; *La Muso Silvestro*, 163 pièces ; *La Muse errante*, 173 pièces. Ces dernières en français).

FRAISSE (Jean-Baptiste), instituteur, né à Castelnaudary, mort dans cette ville, (Pseudonyme : *L'Apendriss*).

Poésies Languedociennes dans l'*Abeille* de Castelnaudary :

— Le Pouil d'en Marsoulan et le Pouil d'en Antioch, fablo, 18 Septembre 1845. — Las Ourmetos, 1846. — Un Marroun de Countrobando, 1846. — Tres Amatous de Castannaou a Rebel, 1846. — Le Liri e le Parpailhol, 1847; (reproduit dans le *Gril*, 1er Mars 1891.) — Le Chabal de guerro e le Porc, 1847. — Sul la Fablo del Loup e l'Agnel de Mestre La Fountaino, 1847. — Le Lioun e le Loup, fablo, 1847. — Scenos de quartiè, 1847 — La Trufo e la Patano, 1848. — L'Aiglo e l'Escarragot, 1846. — L'Ours et le Singe, 1847. — Sceno de quartiè : Un pari chè les Membres de la Souciétat Caquet, 1847.

F. S. C.

— Le Cant del Roussignol, floureto d'Abril. 1845, (L'*Abeille* de Castelnaudary, 24 Avril 1845).

— Le Printems retardat, floureto de Mai 1845. (*Ibid*) 23 Mai 1845.

— Le Printems de retour, floureto de Juin 1845. (*Ibid*) 26 Juin 1845.

G

GADRAT *(Guillaume)* libraire, né à Carcassonne en 1785, mort en 1866.

— Treize Sonnets Languedociens. — Sermou. — (Couronnés par l'Académie de Béziers, 1868-1869).

GALTIER (Auguste), né à Castelnaudary, le 21 Mars 1807, mort dans sa propriété de la *Foun dal prat*, commune de Saint-Martin-Lalande, le 30 Septembre 1886.

Not. Biogr. — A. FOURÈS (*Les Hommes de l'Aude*, 163) — *Petit Toulousain*, journal de Toulouse, Novembre 1891. — Jules Buisson. *Journal le Lauraguais* 1895.

— Noemi, poèmo tirat de la Biblo. — Castannaudarry, Groc, impr., 1840, in-8° 48 p. Rare.

— Le Ritou de Bipex.

(Satire contre le Curé de Soupex. — Elle a été imprimée, nous ignorons où. Très-rare).

— La San-Simounieno. — Chanson socialiste. parue en 1832 avec musique de Jean-Jacques Jaffus, reproduite dans la *Revue Provinciale* de Jean Lombard, 15 Mai 1884.

— Dans l'*Abeille* de Castelnaudary ; pseudonymes : *Le Gat*, *Un Nebout de Goudouli* : Les Marrouns, 1844. — Un Tour de Sourciè, 1844, reproduit par la *Revue Méridionale*, Décembre 1891. — La Coufilhado, 1844. — Le Rasin, 1844, reproduit par l'*Armana de Lengado* de 1877 et par le Journal le *Lauraguais*, 26 Juillet 1891. — En Calandrin, counte imitat de Boucacio, 1845-46, inachevé. — Memorio d'un Gat, 1844-45, en cinq parties. — Nouel : Efans qu'y aurio de noubel, 1844, reproduit par le *Lauraguais*, 20 Décembre 1891. — Las Graufignados, épigrammes patoises 1845.

— Dans l'*Ami du Peuple*, journal de Castelnaudary : Al poueto Jansemi, 2 Mai 1850.

— Dans la *Lauseto*, *Armanac del Patrioto Lengodoucian* (V. FOURÈS) : A n-uno Cousiniero, 1877.

— Dans la *Revue des Langues Romanes* : Le Pintaïre, 15 Octobre 1878.

— Dans le *Gril*, de Toulouse : A n-uno Doumaïselo, 1er Mars 1891.

— Dans la *Revue de l'Aude* : Le Cassoulet, Extrait des *Memoris d'un Gat*, 1889, p. 196.

— Dans le *Lauraguais* : A'n Tamisiè e a'n Coumbos en Egipto, 1891.

— Al nostre Poueto. Castelnaudary, Groc, 1845, in-8°.

(Cette pièce écrite à l'occasion de l'inauguration du buste d'Alexandre Soumet à Castelnaudary en 1845, parut dans l'*Abeille*. Dans le tirage à part que nous citons, elle est suivie d'une Ode française à Soumet par Gabriel Toussaint, pharmacien à Castelnaudary.

GAT (Le), pseudonyme d'Auguste Galtier.

GOULARD (Xavier).

— Uno Nosso dins la Mountagno, poemo. — Narbonne, 1894, in-8°, 22 p.

— Ma Bello-Mèro, poeme. — Narbonne, 1894, in-8°, 12 p.

GOURDOU (Paul), né à Limoux, le 11 Août 1846, pharmacien à Alzonne, maître en Gai-Savoir, *cabiscol* honoraire de l'*Escolo Audenco*.

— Anfos, drame patrioutique. — Ais, Emprimariè Prouvençale, 1878, in-8°, 28 p.

— A mous Amics : Remembranço pouetiquo dal bel an de Dieu 1879. — L'Iber. — Le Felibrige. — Ais, imprimariè Proubençalo, 1879, in-8°, 16 p.

— Roubert, poésie Languedocienne. (*Bulletin de la Société Archéologique et Littéraire de Béziers*, 1882).

— L'Obro dal Priu de Cèlo-Nobo, levat de ridèu, seguit dal Courounomen dal buste de Favre. — Mountpeliè, impr. Centralo dal *Mièjour*, 1886, in-8°, 17, p.

— La Filho dal Depourtat, dramo en un acte. — Mountpeliè, Firmin et Montané, 1889, in-12.

— Las Segos dins le Mietjour. — Mountpeliè, Firmin et Montané, 1891, in-12, 7 p.

— Le Viro-Soulelh. — Mountpeliè, Firmin et Montané, 1891, in-8°, 8 p.

— La Carcassouneso, cant patrial a quatre boues d'ome et couplets de tenor-solo. — Carcassonne, Gabelle et Bonnafous, 1892, gr. in-8°, musique de Jean

Escaffre. — La musique a été gravée à part. Paris, Chaimbaud, in-8° oblong, 5 p.

— La Limousino, cant Naciounal, (*Cigalo d'Or*, 15 Novembre 1892).

— La letro de Gustou, poésie languedocienne. — Carcassonne, Gabelle, 1895, in-8°. — (Extrait du *Bulletin de la Société Archéologique et Littéraire* de Béziers, 1881, p. 17).

— Poésies dans la *Revue Méridionale* : La Patrounesso d'Alzouno, 1890. — Bressadisso, 1891. — Teodor Aubanel, 1892.

— Ramoun lo Grebisto, dramo lengadoucian, Gabelle, (1895) in-8, 30 p.

GOURG-RAVIGNÉ (Jean), professeur de mathématiques à l'Ecole Centrale des Pyrénées-Orientales, où il eut François Arago parmi ses élèves, professeur au Pensionnat de l'Aude à Carcassonne, né à Limoux le 16 Mars 1771, mort le 9 Octobre 1850.

— Poésies languedociennes.

(Buzairies en cite des extraits, d'après les manuscrits de l'auteur, dans ses *Biographies Limouxines*, p. 170).

GRAND (Aimé), journaliste à Carcassonne, vice-résident au Tonkin, né à Toulon en 1850.

— Dans la *Revue Méridionale* : Li Bastidano (1888) ; A la mar Latino (1888).

GRAS (Félix), juge de paix à Avignon, *Capoulié* (chef) du Felibrige, né à Malemort (Vaucluse) le 3 Mai 1844.

— Dans la *Revue Méridionale*, (1893) : Catéchisme del boun Felibre. — Discours du Capoulié à la Ste-Estelle de Carcassonne (texte et traduction.) — Préface (traduction) du poème *La Glori d'Esclarmoundo* de Marius André. — *La Roumanso dòu Rèi en Pèire* (avec la musique composée par Mlle Duclos).

GRIL DE GRIMAUDO (Le), pseudonyme d'Auguste Fourès.

GRISETOS DE NARBOUNO (Las), pseudonyme dont nous ne connaissons pas le titulaire.

— A moussu Sounié, emprimur. s. l. n. d. (1845), in-fol.

(Cette pièce provoqua une *Respounso*. s. l. n. d. in-8°).

GRUVEL (Josselin), le poueto poupulari de Toulouso.

— Le Cassayre fantazious. — Lay fillos de Toulouso un jour de passejado. — Un pugnat de cansous, etc. — Narbonne, Pons (1881), in-8°, 8 p.

(Une dizaine d'autres fascicules qui suivent celui-là, à numération continue, ont été imprimés à Toulouse, in-8°).

Dom GUÉRIN (de Nant).

— Dialogue de l'ombre de feu M. l'abbé de Nant avec son valet Antoine. — Carcassonne, Coutelle, s. d. (1835), in-16, 16 p.

(V. *Revue des Langues Romanes*, XXIII, 221 ; XXVI, 164. — Cette œuvre a eu d'innombrables rééditions).

GUILHE (Charles-Henry), chanoine collégial de Castelnaudary avant la Révolution ; puis défroqué, organisa l'Ecole Centrale de la Gironde, professeur de belles-lettres, directeur de l'Ecole Royale des Sourds-Muets à Bordeaux, chevalier de la Légion d'honneur, né à Villemagne (Aude), le 22 Avril 1756, mort à Bordeaux le 26 Avril 1842.

Not. Biog : Une notice biographique de cet auteur a été placée en tête de son ouvrage posthume : *Leçons de philosophie intellectuelle et morale*. — Bordeaux, Faye, 1843, in-12.

— Georgicos de la Mountaguo, poème Languedocien.

(A. Fourès dit dans son *Anthologie du Lauraguais*, p. 16, que Guilhe n'a publié qu'un court fragment de ce poème, mais il ne dit pas où cette publication a été faite. Il doit faire allusion aux seize vers que Guilhe a inséré à la page 101 de son *Histoire de Toulouse et du Lauraguais*, Bordeaux, Guizonnier, 1837, in-8°, ouvrage, du reste, très rare.

— Villomagno, poemo, petit in-4°, 10 p.

(Manuscrit ; Bib. de Montpellier, cité par *Catalogue de Vallat*, n° 5054).

— Lou Coufessiounal, poème languedocien en quatre chants.

(Cité par le Catalogue Noulet, n° 909).

GUITTARD (Pierre), avocat au Parlement de Toulouse, puis commissaire de police à Limoux, né à Limoux le 20 Septembre 1744, mort à Montauban vers 1830.

Not. Biog : Buzairies. (*Biographies Limouxines*, 80).

— Las quatre partidos del Joun. — La Noel. — Le miech del Joun. — A moussu Passonaut, predicayre à la gleizo de Sant-Marti.

(Pièces publiées dans le *Journal de Limoux*, 1843-1844).

Bersificatius plasentos sur le C... — Plumo-Pattos. — Le Capel de Damos. —

A la Minerbo franceso. — Lettro de bouoturo per la Debouetat. — Le més de Mai ou le Couqut.

(Buzairies a donné des extraits de ces pièces dans les *Biographies Limouxines*, p. 80.

— Las Lés del grand Cornelius, ambe le Discours dal General das Couyouls. Manuscrit in-4° de 32 p., sans nom d'auteur.

(« Badinage carnavalesque, en vers, écrit dans le patois de Limoux à l'occasion de la prétendue confrérie des Cornards et de la réception des confrères. A la suite de *Las Lés del grand Cornelius* on trouve *Las Proubizious del Noutari de Cournanel*, etc., portant la date de 1775. Les dix dernières pages du manuscrit sont occupées par *Le Més de Mai*, poemo. » Telle est la description que Noulet (*Hist. Littér. des Patois*, p. 199) donne de ce manuscrit. Ajoutons que ce manuscrit dont Noulet n'a pu trouver l'auteur renferme évidemment les œuvres de Guittard. La présence du poème du *Més de Mai*, que Buzairies signale comme étant de Guittard, en est la preuve).

J

JASMIN (Jacques Boé dit), né à Agen en Février 1799, mort en 1864.

Not. Biog : L. Rabain (*Jasmin, sa vie et ses œuvres*. Paris, Didot, 1867) — F. Donnadieu (*Les Précurseurs des Félibres*. Paris, Quantin, 1888).

— Mous adious al Périgord (*Moniteur de l'Aude*, 12 Mars 1843).

— A la Bilo de Beziès (*Moniteur de l'Aude*, 18 Février 1844).

— A Limoux, improvisation sur son passage dans cette ville.

— A Castelnaudari, brès dal grand poeto Soumet.

(Ces deux derniers articles sont cités dans le Catalogue Noulet).

JOBIUS, régent de collège.

(C'est évidemment un pseudonyme).

— Dans les *Muses du Midi* : Le Bi de Sant-Jordi, histourieto (1865).

JOURDANNE (Gaston), né à Carcassonne le 27 Juin 1858, docteur en droit, substitut à St-Jean de Maurienne et à Castelnaudary (1882-83), maire de Carcassonne (1887-89), félibre majoral sous le titre de *Cigalo de la Patrio* (1894), maître ès Jeux-Floraux (1895).

— Jammeto.

(Fragment inédit d'une comédie Languedocienne du XVIIIe siècle, signalée dans *Les Lettres à Grégoire* (V. Gazier) et publié dans la *Revue des Langues Romanes*, Avril 1891).

— Esquisses littéraires et historiques, Carcassonne, Servière, 1892, gr. in-8°, 33 p.

(Renferment plusieurs études sur la littérature d'Oc : Mistral et la Reine Jeanne. — A propos de *l'Anglès à l'Oupéra*. — Les Précurseurs des félibres dans le Lauraguais. — Elles ont paru dans la *Revue Méridionale*, 1891-92 ; le tirage à part que nous indiquons n'a été fait qu'à 25 exemplaires numérotés).

— Quelques chansons politiques de l'Aude.

(La plupart inédites, publiées dans *Revue Méridionale*, 1892, p. 108).

— Eloge de Pierre Goudelin, suivi d'une étude sur le réveil poétique des idiomes d'Oc actuels. — Carcassonne, Bibliothèque de la *Revue Méridionale*, 1893, in-8°, 30 p.

(Couronné par l'Académie des Jeux-Floraux de Toulouse en Mai 1893, a paru dans le Recueil de cette Académie).

— Etude sur les littérateurs Languedociens de Narbonne du XVIIe siècle à nos jours. — Carcassonne, Bibliothèque de la *Revue Méridionale*, 1893, in-8°, 30 p.

(Extrait du Bulletin de la Commission archéologique de Narbonne).

— Sainte Estelle à Carcassonne. — (v. *Escolo Audenco*, publications de l').

— Discours prononcé à la réunion générale de la Maintenance du Languedoc (*Cigalo d'or*, 1er Décembre 1893).

— La Peiro Toumbalo de Simoun de Mountfort, étude critique (*Cigalo d'or* 1er Septembre et 15 Novembre 1893).

— Rapport sur les premiers Jeux-Floraux de l'*Escolo Audenco*. — (*Courrier de l'Aude*, 28 Novembre 1893 et reproduit par la *Revue Félibréenne*, Octobre 1893).

— Analyse de *La Glori d'Esclarmoundo*, poème provençal de Marius André. — (*Revue Félibréenne*, Octobre 1893).

— Liso de Mount-Bru, conte héroïque. — (dans *Chimère*, Revue de Montpellier, 1893).

Le Gabiaire de Pennautié, légende de l'Aude. (Dans *Revue Méridionale*, Avril 1894).

— Eloge de Paul Gaussen, discours de réception au Consistoire Félibréen et réponse par Alexis Mouzin. Avignon, Roumanille, 1895, in-8°, 19 p.

— L'Evolution Félibréenne. Avignon, Roumanille, 1896, in-8°.

(Publiée par la *Revue des Pyrénées* (1894-1895). Cette étude est, à l'heure actuelle, la seule qui examine dans son ensemble, de son origine à nos jours, la naissance et les progrès de la littérature félibréenne. On y trouve de nombreuses indications biographiques et bibliographiques).

JOUY (Hyacinthe), curé de Villeneuve-les-Minervois, né à Carcassonne le 13 Septembre 1709, mort le 3 Septembre 1788.

— *Not. Biogr.* : Mahul, *Cartul.* IV, 41. — Senemaud, *Annuaire de l'Aude*, 1851. — Viguerie : *Annales* I, 378. — Labouïsse-Rochefort. *Préface de poésies languedociennes.*

— Cantiques pour les premiers communians de la paroisse St-Vincent de Carcassonne. — Carcassonne, Coigniet, 1757, in-12.

(Plusieurs fois réimprimé). — C'est par erreur que Noulet (*Histoire Littér. des Patois*, p. 193, appelle cet auteur Joly.

L

De LABOUÏSSE-ROCHEFORT (Jean-Pierre-Jacques-Auguste), homme de lettres, né à Saverdun (Ariège), le 4 Juillet 1778, mort le 22 Février 1852 à Castelnaudary où il s'était fixé dans les derniers temps de sa vie.

— *Not. Biogr* : Benazet (*Notice biographique de J.-P.-J. de Labouïsse-Rochefort*, Toulouse, in-12, 24 p.)

— Préface de poésies languedociennes. Toulouse, 1844, in-8.

(Ce prolixe écrivain, qui toucha à beaucoup de choses, s'étant pris de passion pour la poésie d'oc, voulut en publier un recueil pour la composition duquel il fit appel à plusieurs poètes languedociens. Le recueil n'a pas paru ; mais la préface ci-dessus renferme des citations empruntées à divers poètes languedociens).

— Préface des *Recreatious de Moussu l'Ritou.* (V. Revel).

LACAZE (l'Abbé), curé de Montbrun (Aude).

— Dans les *Muses du Midi* : L'Orgue d'un bilatche de mountagne (1864). — Le Çoudoun (1864). — Nostro-Damo de Couloumbiès à Mountbru (1865).

LAFAGETTE (Raoul), né à Foix vers 1840.

— La Pitchouno gardairo de bious. (Dans la *Revue Méridionale*, 1891).

LAFAILLE (Germain), né à Castelnaudary en 1616, avocat du Roy au Présidial de Toulouse, mort doyen des Capitouls de cette ville, le 12 Novembre 1711.

— Lettre de M*** à un de ses amis de Paris.

(C'est une notice biographique de Goudelin. Publiée dans l'édition des œuvres de ce poète — Toulouse, Pech, 1678 — laquelle fut vraisemblablement préparée par Lafaille, elle a été reproduite dans l'édition de 1694, Toulouse, Pech, in-12, et dans l'édition de 1887, (Toulouse, Privat, in-8°) donnée par le Dr Noulet.

LAFFAGE (Jules-Emmanuel), agrégé des sciences naturelles, professeur au Lycée de Carcassonne.

— Liste des noms patois usités dans les environs de Carcassonne pour désigner les plantes vulgaires.

(Publiée dans le *Bulletin de la Société d'Etudes scientifiques de l'Aude*, 1893, page 112).

— Liste des noms patois usités dans les environs de Carcassonne pour désigner les animaux vulgaires.

(Publiée dans le *Bulletin de la Société d'Etudes scientifiques de l'Aude*, 1895, page 184.

— *Bestios e Plantos.* — Carcassonne, Gabelle et Bonnafous, 1895, in-8°.

(L'auteur a réuni en cette brochure les deux listes ci-dessus).

LARREY, conseiller de préfecture de l'Aude.

— Parabole de l'Enfant Prodigue, en patois de Carcassonne (1824).

(Publié dans les *Mémoires de la Société des Antiquaires de France*, t. VI, 1re série, p. 508, et reproduit dans Mahul, *Cartul. de Carcassonne*, t. VI, 2me, 357).

LASSERRE (Antoine), ouvrier potier, (de Castelnaudary?).

— Le Buletin.

(Chanson politique).

LOZ, avocat à Carcassonne, mort vers 1750.

— Chansons en dialecte carcassonnais-languedocien.

(Mentionnées dans Gazier : *Lettres à Grégoire*, p. 18.)

M

MAILHOL (Gabriel), littérateur, né à Carcassonne le 6 Avril 1725, député aux Etats de la Province par la Ville de St-Papoul, mort à St-Papoul le 4 Juin 1791.

— Lettres aux Gascons sur leurs bonnes qualités, leurs défauts, leurs ridicules, leurs plaisirs, comparés avec ceux des habitants de la capitale. Toulouse, Dupleix et Laporte, 1771, in-12.

(Aux pages 33 et 47 on trouve *divers couplets patois dont les airs charmants sont si connus*).

MARCOU (Jean), curé à Villardebelle avant la Révolution, puis défroqué, fut professeur à l'Ecole Centrale de l'Aude, au Collège de Carcassonne, et bibliothécaire de cette ville; né à Carcasonne en 1769 mort le 17 février 1854. père du député puis sénateur de l'Aude, Théophile Marcou.

— Les ases debastax ou la Sourtido dal seminari.

(Poème satirique dont un fragment a été publié par Gazier, *Lettres à Grégoire*. Paris, Pedone-Lauriel, 1880, in-8).

MENGAUD (Lucien), né à Lavaur en 1805, mort en 1877.

— La Toulouséno (*Revue Méridionale*, juin 1895).

— Le Poutou, roumanço, (*Revue Méridionale*, 1896).

MIR (Pierre-Achille), né à Escales (Aude) le 30 novembre 1822, félibre majoral sous le titre de *Cigalo de l'Amourié*, Maître ès Jeux-Floraux.

Not. Biogr : G. Jourdanne (Achille Mir, dans *La Cornemuse*, journal de Marseille, 15 octobre 1893. — A. Fourès (*A. Mir et la cansou de la Lauseto.* — V. Fourès).

(Mir a tracé de lui-même une auto-biographie très complète dans la *Revue Provinciale* de Jean Lombard, Juin et Juillet 1884).

— La Bigno, pouemo en quatre cants, seguit das regrets sur la perto d'uno damo-jano benerablo. Carcassonne. P. Polère, 1863, in-12, 31 p.

(La Bigno a été reproduite par la *Revue Méridionale*, 1892, p. 144).

— Lou Paychérou. Carcassonne. P. Polère, 1873, in-8, 19 p.

— L'Inoundaciu, cant de dol. Carcassonne, Polère, 1875, in-4 à 2 col, 1 p.

(Fait au bénéfice d'un concert donné à Fabrezan pour les inondés de Toulouse).

— La Cansou de la Lauseto, recueil de poésies languedociennes, avec une préface de Mistral et des notes sur l'orthographe et la prononciation languedociennes par M. Cantagrel. Montpellier, Imprimerie centrale du Midi, 1876, in-8°, 319 p.

(Cet ouvrage a obtenu la grande médaille d'or accordée par la ville de Montpellier au concours philologique et littéraire donné dans cette ville en 1875). — Comme ce volume était épuisé depuis longtemps en 1886, la plupart des pièces qu'il renferme ont été reproduites par la *Revue Méridionale*, 1886-92).

— Glossaire des comparaisons populaires du Narbonnais et du Carcassez. Montpellier, Imprimerie Centrale du Midi, 1883, in-8, 132 p.

(Extrait de la *Revue des Langues Romanes*).

— Lou Lutrin de Lader. — Carcassonne, Pendariès, 1877, in-8°.

Autre édition, avec préface de Roumanille et illustrée par N. Salières, (v. ce nom) Montpellier, Hamelin frères, s. d. (1885), gr.-8°, XXXIII et 76 p.

Le Lutrin de Lader, traduit en français par Auguste Fourès, a été publié avec les illustrations de Salières, dans le *Petit Toulousain*, Avril-Mai 1887.

— *Lou Sermou dal curat de Cucugna.* Carcassonne, Polère, 1884, in-8°, 16 p.— Autre édition illustrée par Salières, avec préface en vers d'Achille Rouquet. Montpellier, Hamelin, s. d. (1885) gr. in-8°, 67 p.

— Lou Rire, seguit dal Pourquet de Lait, avec illustrations par Salières et des notes pour faciliter la lecture du languedocien. Ribaute, Alquié, 1890, gr. in-8°, 59 p. (Couverture en quatre couleurs tirée par Roudière, lithographe à Carcassonne).

— Un Maridage per escrit. Carcassonne, Servière, 1891, gr. in-8°, 8 p.

(Extrait de la *Revue Méridionale*, Août 1891).

— Maïre boli Jaquet, cansou rejouissento. Carcassonne, lithogr. Roudière, in-4°. (à l'occasion de la Cavalcade de Charité donnée à Carcassonne en 1891)— Musique de Charles Scheurer.

— Poésies dans les *Muses du Midi*. — (V. aux Journaux).

Lou Coufat de Santo Catarino. — (Dans la *Revue Méridionale*, 1887).

— Lou Raumatisme. — (*Revue Méridionale*, 1893).

— Passejado sul Canal dal Miejour. — (*Revue Méridionale*, 1893-94).

— Tems passat amé tems d'aro. — (*Armana Prouvençau*, 1875).

MISTRAL (Frédéric), né à Maillane, le 8 Septembre 1830.

Not Biog : — Notes autobiographiques en tête de la 1re édition des *Isclo d'or*, et dans *Revue Félibréenne*, Octobre-Novembre 1892.

— Dans la *Revue Méridionale* : Lettro a'n Achilo Mir (1889). — Aubencho (1889). — A'n Achilo Mir su soun Pourquet de Lait (1890). — La Coupo (avec l'air noté). — A'n Achilo Mir (Livre d'or de Mir). — A'n Achilo Mir e Enric Salièros (au sujet de la *Rebadisso*), 1893.

MOUNIÉ.

(« De 1800 à 1830 Castelnaudary eut un chansonnier très fécond qui était connu sous le surnom de Mounié. On chante encore des couplets de lui. » A. Fourès, *Anthologie du Lauraguais*, p. 7).

MOUZIN (Alexis), né à Avignon en 1846, reçu félibre majoral sous le titre de *Cigalo d'Irlando* au Consistoire de Carcassonne, le 11 Mai 1893, en remplacement du prince W. Bonaparte-Wyse.

Not. Biogr : G. Jourdanne (*Revue Méridionale*, 1893, p. 135).

— Brinde Galoi. (Dans *Revue Méridionale*. 1893).

— Trioulet à Mir (*ibid*).

N

NEBOUT DE GOUDOULI (Un), pseudonyme d'Auguste Galtier.

NÉRIE (Antoine), né à St-Couat-d'Aude, le 4 Décembre 1745, mort curé d'Alzonne le 28 Février 1894 après avoir administré cette paroisse pendant quarante-un ans.

— Recueil de divers Chants d'église en vers patois. Carcassonne, Labau, 1820, in-18, 58 p. — 2me édition : Carcassonne, Arnaud, 1821, in-12, 92 p. — 3e édition : Carcassonne, Labau, 1822, in-12, VIII et 182 p. — 4e édition : Carcassonne, 1823. — Nouvelle édition, revue avec soin et augmentée des hymnes de St-Nazaire, Ste-Madeleine, etc., Carcassonne, Labau, 1827, in-12, 184 p.

[L'édition de 1827 est assez commune; les autres sont rares, surtout celle de 1823. — La Bibliothèque de Carcassonne possède le manuscrit de la seconde édition. *Cat. mss. Bib. Pub. de France*. t. XIII, p. 189, n° 40].

— Hymnes et Cantiques de St-Nazaire, Ste-Madeleine, etc. — Carcassonne, Labau, 1827.

— Hymnes et Cantiques à ajouter au Recueil de divers chants d'église. — Carcassonne, Labau, s. d. in-18, 47 p.

— Lettres et poésies inédites de l'abbé Nérie, publiées d'après les manuscrits autographes par Saturnin Léotard. — Montpellier, Imprimerie Centrale du Midi, 1876, in-8°, 46 p.

(Extr. de la *Revue des Langues Romanes* 1875-76.

— Lettres en vers.

(Publiées par le Dr Noulet dans la *Revue des Langues Romanes*, 1874).

P

PAGÈS (Gonzalve), serrurier, de Cuxac-d'Aude.

— L'oubertura de la Casso.

(Publiée par le *Bulletin de l'Association de l'Aude à Paris*, 4e Bulletin de 1886-87).

PEP... (Joseph).

— Lou Bosc de la Licuno (aux grisettes de Narbonne).

(Dans l'*Abeille du Languedoc* 15 Août 1855).

PERBOSC (Antonin), instituteur, félibre majoral, successeur de Fourès au titre de *Cigalo de la Libertat*, né à Labarthe (Tarn-et-Garonne), le 25 Octobre 1861.

— Dans la *Revue Méridionale* : La Cigalo de la Libertat (1892). — L'Ase (1892). — Reverdacis. — Brumos d'Autouno (étude critique). — Lous Els de Cleopatro (1893). — A Prosper Estieu (1893).

PEYRONNET (Gabriel), anc. typographe, employé à la Recette particulière de Castelnaudary, mort dans cette ville en Janvier 1880.

— Las Menestrelos, poésies languedociennes, 1851.

(Il n'en a paru que la première feuille renfermant l'avant-propos, plus deux pièces de vers : *Coumo t'aimi*, (à la lengo d'oc) et *La Croux de Peiro*, 8 pages, in-8°.

— Poésies languedociennes parues dans diverses feuilles :

— Dans l'*Abeille de Castelnaudary*: A Moussu Daveau sus soun Albado (1846); Un souer d'estiù, le Riu (1846); Soufrençes d'hibèr (1848); Le bel tems tournara (1850); L'hibèr n'es pas lenh (1851); Coumplimen de dol (1852).

— Dans l'*Ami du Peuple* de Castelnaudary : L'Emancipatiou de las Flouretos, histouricto d'ancien tems (1848); Le Bouquinisto e le Fumaire (1848); le Cygne (1848).

— Dans l'*Echo de Castelnaudary*: Uno Neit de Printems; la Neit de Nadal (1850; l'Amelhè flourit (1851); l'Hiroundèlo (1850).

— Dans le *Castrais*, courrier du Tarn : L'ourmo de Bilomagno (Juin 1852).

PEYRUSSE (Adam), félibre mainteneur, vice-cabiscol de l'*Escolo Audenco*, né à Ornaisons le 18 Décembre 1823.

— Narcisso, comedio en cinq actes en berses narbouneses, seguit d'un reculh de poesios causidos. Mount-Pelhiè, Firmin et Cabirou, 1883, in-8, 130 p.

— Cansou de la Sègo, ame la musico noutado, Mountpeliè, Hamelin, 1887, in-8, 11 p.

PHILADELPHE de GERDE (V. Duclos).

PINEL (L'abbé François-Xavier) né à Carcassonne le 21 Décembre 1764, mort le 17 Juin 1837, chanoine doyen du chapitre cathédral de Carcassonne, vicaire général du diocèse.

Not. Biogr : Mahul (*Cartulaire de Carcassonne*, VI, 1, 377). — Labouïsse-Rochefort (*Trente ans de ma vie*, 1, 530).

— Noëls nouveaux pour 1826. — Hymne dal jour de l'Assoumptiu de la Santo-Bierjo. Carcassonne, Gareng, s. d. in-12.

PONT (Casimir), né à Rivel (Aude) vers 1820, libraire à Paris, où il est mort vers 1883.

— La mort del Fillol bicil, soubeni de familla.

(Publié dans : *Histoire de Jean Pont Fillol*. Paris, 1871, in-12, p. 214 et dans *Histoire de la Terre privilégiée du Kercorb*, Paris, Dumoulin, s. d. (1873), in-8. p. 414).

— Le Nouiè de Ribel, souvenir du village. Paris (Levé) 1879, in-8, 21 p.

PRACHE (Honoré), artiste-peintre, élève de Gros, né à Fanjeaux le 13 Décembre 1799, mort à Carcassonne le 24 avril 1870.

Not. Biogr : Mahul (Cartulaire, VI, 2e, 213). — Journal *la Cité*, 1er février 1880.

— Poezios patouezos. Carcassonne, Pomiès frères, 1869, in-12, 79 p.

PRAX (Pierre), instituteur en retraite, né à Peyriac-Minervois le 7 Décembre 1838.

Not. Biogr : Si Salières s'est fait l'illustrateur attitré des œuvres de Mir, Prax s'en est fait l'interprête, au point qu'on l'appelle couramment le *Jouglar* de Mir. Il est d'ailleurs un diseur incomparable. — V. A. Fourès (*Prax et Mariéton* dans la *Fraternité de l'Aude*. 1882).

— Poésies dans la *Revue Méridionale*: A l'amic Rogos (1888). —Brinde à l'*Escolo Audenco* (1892).

Q R

QUISCARROT (le)

Pseudonyme dont nous n'avons su découvrir le titulaire.

— Les dous Pescayres, fablo (*L'Abeille* de Castelnaudary, 1845).

Ramounur sans trabal de Carcassouno (Un), pseudonyme inconnu.

— Un mariatge de razou (Dans le *Lauraguais*, 4 Septembre 1892).

REBOUL (Jean), de Nîmes.

— A Madamo de Circourt (Poésie inédite publiée par la *Revue Méridionale*, avril 1892 et par la *Cigalo d'Or*, 1892)

RÉVEILHON (L'abbé Joseph-Paul), conducher du vénérable chapitre de St-Paul de Narbonne. Etait conducher en 1782, l'était en 1790; mort à Narbonne après 1795.

Not. Biogr : H. FAURE (*Archives hospitalières de Narbonne*, II, 121). — SABARTHÈS, (*Etude sur St Paul*, p. 323).

— Eloche de Labrando, marchando de froumatchous à Narbouno.

(Manuscrit, cité par Noulet : *Hist. Littér. des Patois*, II, 316).

REVEL (L'abbé Pierre), né à Montréal-d'Aude le 6 mai 1802, nommé curé de Villemagne le 5 juin 1825, mort dans ces fonctions le 12 novembre 1890.

Not. Biogr. : G. JOURDANNE, (*Esquisses Littér. et Historiques*).

— Recreatious de Moussu l'Ritou e de las brâbos gens. Toulouse, impr. de Labouisse-Rochefort. 1845, gr. in-8 375 p. avec des notes et un glossaire. 8 fr.

— Un Passo-temps. Castelnaudary, Chavard, 1875, in-8, 136 p.

(Tiré à petit nombre ; rare) 5 fr.

— Le Biel Mandiant, in-12.

(Extr. du *Journal de Toulouse*, 1845, n° 283).

— L'Estiu de San-Marti, patrou de Bilomagno.

(Publié dans l'*Ami du Peuple*, de Castelnaudary, 1848).

de RICHARD (Le chevalier)

— Le Retour du Parnasse. Amsterdam. J. Rykloff, 1755 in-8. (28 p.)

(Recueil de petits vers français, avec dix couplets languedociens qui semblent appartenir au dialecte de l'Aude ; assez médiocres du reste. Le titre ne porte que le nom du Chevalier de R***).

RIGAUD dit **RIGAUDEL**, chansonnier populaire et colporteur ambulant, de Carcassonne.

Nous ne connaissons rien de lui ; cependant nous savons qu'il a composé des chansons populaires ; peut-être dans le fragment ci-joint, inédit, s'est-il chansonné lui-même; mais il est plus probable que ces couplets sont l'œuvre de Tourret:

Quand Rigaudel s'enanèt a Ciutat
En Barbacano fousquet arrestat;
Tout le mound' ero' stounat
De besc un ome tant bèl ;
I lebèroun le capel.
Rataboul, le biel piupiu
Al cantou de moussu Serviu
Attendio Rigaudel...

On pourait appeler cette chanson le mariage de Rigaudel.

RIVOIRE, né à Limoux vers 1677.

— La Crambo ardento. — L'Hydro. — Bersès dal poueto patouès al prédicaïre Gascou. — L'airissou coumbertit. — Parabolo de las aygos.

(Buzairics dans ses *Biographies Limouxines*, p. 47 a donné des fragments de ces pièces).

ROGUES (Claude), félibre mainteneur, instituteur à Ribaute.

— Poésies dans la *Revue Méridionale:* Mir à Ribauto (1887). — Uno respounço franco (1888). — A moussu Prax (1888). — A moussu Mir (1891).

ROQUE-FERRIER (Alphonse) homme de lettres et philologue à Montpellier.

— Mélanges de critique littéraire et de philologie. Montpellier, Hamelin, 1892, in-8, 534 p.

(Renferme des articles relatifs aux auteurs languedociens de l'Aude de 1874 à 1890. La plupart des ces articles sont extraits de la *Revue des Langues Romanes* de Montpellier).

ROUQUET (Achille), né à Carcassonne le 8 Janvier 1851, fondateur et président de la *Société de Lecture* de Carcassonne, fondateur et directeur de la *Revue Méridionale.*

— L'Audenco. — La Blanqueto de Limous.

(Ces chansons figurent avec la musique notée dans la *Revue Méridionale* (1893) et dans l'ouvrage suivant).

-- Ste Estelle à Carcassonne (V. *Audenco*, publication de l'*Escolo*).

— La Revue Méridionale (V. aux Journaux).

S

SALIÈRES (Paul-Narcisse), peintre, élève de Ingres et Delaroche né à Carcassonne le 7 octobre 1818.

(Surnommé par Aubanel le spirituel félibre du crayon, Salières est devenu l'inséparable de Mir dont il a illustré les œuvres : *Lou Lutrin de Lader, Lou Sermou dal Curat de Cucugna, Lou Rire ;* il a aussi illustré *Lou Curat de Minerbo* de Mlle Sol).

On trouve quelques échantillons de son son art dans la *Revue Méridionale.* — Un très joli portrait de M. Salières,

par Moniod, a paru dans le *Petit Toulousain* (22 mai 1887) avec un article d'Achille Rouquet).

SALIÈRES (Henri), juge au Tribunal de Commerce de Carcassonne, membre de la Chambre de Commerce, cabiscol de l'*Escolo Audenco*, né à Carcassonne fils du précédent.

— La Rebadisso de las Tourres de Ciutat.

(En collaboration avec Achille Mir ; publiée dans *Revue Méridionale*, Septembre 1894, avec dessins de Narcisse Salières).

SAMARY (Philippe), curé de St-Nazaire de la Cité de Carcassonne, député du clergé pour la Sénéchaussée de Carcassonne à l'Assemblée Nationale (1789), curé de la Cathédrale St-Michel de Carcassonne né à Carcassonne le 5 février 1731, mort dans cette ville le 8 Novembre 1803.

Not. Biog. : Mss. Bib. de Carcassonne, n° 10803. — NOULET (*Revue de Langues Romanes*. t. VII, 1re série, 216).

— Le Retour de la Procession générale de Lagrasse (Noël languedocien français) Carcassonne, Coigniet, 1765.

(Il était curé à Lagrasse à cette époque).

— Discours prounounçat sur l'auta de la patrio, le 14 Juillet, 3e annado de la Libertat. Pamios, 1791, in-4, 12 p.

(Prononcé au Mas d'Azil).

— Le Semen-Contra de Mounréal ou le Poucto Maurel descouncertat.

(Poème satirique publié par le Dr Noulet dans la *Revue des Langues Romanes*, t. VII, p. 216).

— Poésies languedociennes attribuées à Samary.

(Manuscrites. Bibliothèque de Carcassonne, 9910. *Cat. de Mss. des Bib. Pub. de France, t. XIII, 1212*). — Cette attribution nous semble hasardée).

SAUZÈDE (Casimir), né à Quillan, mort à Oran, vers 1892, receveur de l'Enregistrement.

— Quilla et la Peiro-Lys. — Oran, 1857, in-8°.

— Passe-temps languedociens, in-8°,

(Recueil manuscrit de poésies languedociennes, dont quelques-unes mériteraient d'être publiées. — M. Gourdou (v. ce nom) nous a montré le cahier).

SÉGUIER (Théodore), professeur au Lycée Condorcet à Paris, fondateur avec Alfred JULIA de l'*Association de l'Aude à Paris*, né à Trèbes, le 24 Juillet 1853.

— Poésies languedociennes.

(La plupart ont paru dans le *Bulletin de l'Association de l'Aude* à Paris).

— Dialogue amical entre la Seno et l'Aoudé. — Respounso al Farlabic.
— Carcassouno. — Riu-chiu-chiu. — Lettro de Batistou (1884-85).

— La Pourgairo (Sonnet sur la statue du sculpteur Barrau, la *Vanneuse*. — Al Cassoulet de Castelnau (reproduit dans la *Revue Méridionale*, 1886). — Stançes à la Blanquetto (1885-86).

— Sounets bessous (Deux sonnets sur la statue de Zacharie Astruc : le Marchand de masques; reproduits dans la *Revue Méridionale*, 1887, p. 116).

— Bouno Annado. — Al mestre Mir. — Al Païs! — Au Zacharie Astruc, de Pépert, su sa decouratiu (1890-91).

SEPTEMBER, directeur d'une Ecole normale d'Instituteurs, né à St-Gilles du Gard en 1821.

— Dans la *Revue Méridionale* : La Vendémio (1892).

— Dans la *Cigalo d'Or* : La Famiho (1er Novembre 1890). — L'Aumorno (Septembre 1893).

SOL (Marguerite), née à Narbonne le 4 Août 1867, membre fondateur de l'*Escolo Audenco*.

— Lou Curat de Minerbo, noubèlo lengodouciano. Narbonne, Caillard, 1890, in-8°, 32 p. — Autre édition, illustrée par Salières, avec préface de Mistral. Paris, Champion, 1892, in-8°, 59 p.

— La Bistando, légende Narbonnaise. Narbonne, Caillard, 1891, in-8°, 11. p.

(Reproduite par la *Revue Méridionale*, 1892)

— Lou Parpalhol, rebirat d'Andersen.

(Dans le *Vigneron Narbonnais*, 5 Décembre 1891).

SOULENS (Joseph).

— Dans les *Muses du Midi* : Luci, histouero dal Pays, 1865.

T

TOLOZA (Pierre).

(Pseudonyme d'Auguste Fourès. Il s'en est servi surtout au *Petit Toulousain*. V. aux *Journaux*).

TOURRET (Georges, dit Martin ou Marcelin), ouvrier tailleur, né à Carcassonne le 15 Juillet 1799, mort dans cette ville le 6 Janvier 1889.

Not. Biogr. : G. Jourdanne (Le poète Tourret, dans *Rappel de l'Aude*, 26 Juin 1892).

— Le Jardin de Santo-Cecillo, cansou d'a prepaous. — L'inauguratiou de l'aygo à Ciutat. Carcassonne, Polère, s. d. (1875), une feuille in-4°.

— Le Drapeou de la Franço. Carcassonne, Labau, 1871, in-8°. (Publié par le *Courrier de l'Aude*, 16 Avril 1868, et la *Cigalo d'Or*, 15 Décembre 1891).

— Poésies diverses.

(Nous possédons le cahier manuscrit, in-8°, 70 p. environ où Tourret a consigné la plupart de ses œuvres poétiques, médiocres d'ailleurs).

V

VIALA (Michel), pharmacien, né à Castelnaudary.

— L'Anglés à l'Oupéro, counte de Carnabal (Carcassonne, Falip, 1878), in-8°, 16 p., couverture coloriée et dessinée, lith. Pouech).

(Ce conte parut pour la première fois dans l'*Abeille de Castelnaudary* le 20 Février 1851 ; il a été reproduit par le *Gril*, Mars-Avril 1891 et par la *Revue Méridionale*, Septembre 1891. L'édition que nous mentionnons plus haut fut faite par un jeune dessinateur roussillonnais qui était venu se fixer à Carcassonne, Charles Falip ; sur cette édition, v. G. Jourdanne : *A propos de l'Anglès à l'Oupèra*, *Revue Méridionale*, Septembre 1891).

— Poésies dans l'*Abeille de Castelnaudary*, sous le pseudonyme : *La Cateto d'en Marsoulan*; Le Piboul et le Pim, 28 Novembre 1844 ; Le Fresquel et le Canal, fablo, 4 Novembre 1847 ; Las dos Flous, fablo, 27 Mars 1851.

— Le Bal interroumput, poème, 15 p.

(Manuscrit cité par le Catalogue Noulet, n° 89. Nous le possédons).

VIDAL (Jean-Paul) dit le Musicien d'Issel, ouvrier potier et ménétrier, né à Puginier (Aude), le 2 Décembre 1807, mort à Castelnaudary le 13 Janvier 1882.

Not. Biogr. — A. Fourès, dans le Journal le *Lauraguais*, 1er Février 1891, a écrit une courte notice biographique sur cet auteur.

— Las Farços de Bidal, le Musicien d'Issel. — Castannaudarry, Labadie et Groc, 1869-1876, in-8°, 216 p. (Peu commun à l'état de collection complète).

— Roullan le bailant, farço fort erouico.

(Publiée par le Journal le *Lauraguais* du 1er au 22 Février 1892, et par *Le Gril*, Septembre-Octobre 1893).

— La Filho malauto d'amour.

(Publiée par *La Lauseto* (V. Fourès) en 1878, p. 204.

VIGUIER (Paul-Marie), avocat et juge de paix à Carcassonne, né à Lagrasse en 1796, mort à Carcassonne le 1er Avril 1867.

— Le Christ, ode, Carcassonne, Labau, 1839, in-8°, 15 p.

— Le Délutché, odo.

(Publiée par la *Chronique de l'Aude*, 16 Mai 1840).

— Cantato en l'hounou de l'anounymo que fa presen das prexes dal Councours oubert per la Souciétat archéologiquo de Beziès per l'annado 1839

(Publiée par la *Chronique de l'Aude*, 23 Mai 1840).

ANONYMES

XVIIe SIÈCLE

— Poésie languedocienne sur le grand Puits de la Cité de Carcassonne.

(Conservée par Besse dans son *Histoire des Comtes de Carcassonne*. Béziers, Estradier, 1645, petit in-4°, p. 139. M. Foncin l'a reproduite dans son *Guide à la Cité de Carcassonne*.

— La Naissance de Jésus en Bethléem. Noëls nouveaux par un conducher de l'Eglise Métropolitaine de Narbonne. (Tolose, J. Reillier, 1657 à la main), in-12.

(Cet opuscule est désigné sous le numéro 504 dans le Catalogue Noulet. Le numéro 503 que nous possédons est placé par erreur dans cette série : *Trois Noëls nouveaux sur des airs très excellents, composés à la prière de trois convens des Religieuses, par un conducher de l'Eglise Métropolitaine de Narbonne*, s. l. n. d. in-12, 10 p. Il porte aussi, à la main, la date de 1667, et, a sans doute le même auteur que le précédent. Mais tous les Noëls sont français).

— L'accomplissomen del Canal ou las Nossos de l'Occean e de la Mediterraneo, faitos à Castelnaudarry, le 19 May 1681. Toulouse, J. Boude, 1681, in-8°, 7 p.

Dialecte Lauraguais. (Publié dans la *Revue Méridionale*, 1895).

XVIIIe SIÈCLE

— Instructions de la Pénitence et de l'Eucharistie, imprimées en français et en vulgaire, par ordre de Mgr. l'Evêque. Carcassonne, P. Coignet 1705, in-12., 287 p.

— L'Aurore naissante, Noëls nouveaux composés en l'honneur de la Naissance de Notre-Seigneur. Carcassonne, Coignet, s. d. (1755?), in-18, 12 p.

— La Serenado de Bellem. Nouels noubelets. Carcassouno, Cugnet, s. d., in-12, 12 p.

(Imprimé chez Coignet, donc antérieur à 1766).

— Jammeto (v. G. Jourdanne).

— Recueil de Cantiques, de Noëls et de divers Chants d'Eglise, en français et en patois. Manuscrit sans titre, in-8°.

(Les compositions patoises sont écrites dans l'idiome de Limoux ; le premier Noël porte la date de 1764. — Cité par Noulet, *Hist. Littér. des Patois*, II, p. 214).

— Noëls nouveaux sur les plus beaux airs du temps pour l'année 1765. Narbonne, J. Besse, s. d. in-12.

— Exercice de la Messe avec les sept dons du St-Esprit, etc., et un recueil de Cantiques à l'usage des premiers communiants de la paroisse St-Michel de Carcassonne. Carcassonne, J. Coignet, 1765, in-12. (Trois cantiques languedociens.).

— Cansou das Bergès de la Clapo a las Damos countessos de Rooth et de Dillon. Narbonne, 1771.

— Epitro dal majoural das Bergès de la Clapo a Madamo la Countesso de Dillon. Narbonne, J. Besse, 1771, in-12.

(L'Archevêque Dillon avait été nommé au siège de Narbonne en 1763 ; pendant plusieurs années depuis son arrivée, les poètes locaux rimèrent des louanges en son honneur et celui des dames de Rooth et Dillon ses parentes).

— Verses sous lou cussou das Penitens blancs de Narbouno, 1775.

(Manuscrit in-4° dont M. Galibert a fourni une copie à Noulet : *Hist. Littér. des Patois*, p.p. 53 et 221.

— Chansons en patois de Narbonne.

(Manuscrit du XVIIIe siècle. Ces couplets dirigés contre l'abbé Viard et ses partisans qui avaient voulu faire fermer une ruelle mal famée de Narbonne sont des plus obscènes. Sous ce rapport ils peuvent trouver place auprès du *Placet aux Policiens de Béziers* du P. Cléric. Noulet, (*Hist. Littér. des Patois*, II, 183).

— Estrenos mignounos de Narbouno per l'an de gracio 1785.

(Manuscrit in-4° à 2 col., cité par Noulet, *Hist. Littér. des Patois*, II, 189).

— Recueil de Noëls. Carcassonne, Polère, Teissié et Chartrand, 1787, in-12.

— Proverbes, dictons, noms des plantes... envoyées à Grégoire par les *Amis de la Constitution de Carcassonne*.

(Cités par Gazier : *Lettres à Grégoire*).

— Stances en idiome vulgaire sur les signes de la Révolution Française.

(Cette indication est mentionnée dans la Table des matières du T. II. manusc. des *Annales de Carcassonne* de Viguerie. Mais le folio 799 où elles devraient se trouver manque. Il est probable que ce sont les mêmes que celles que nous avons publiées dans la *Revue Méridionale*, 1892, p. 108, d'après un manusc. de la Bib. de Carcassonne).

— La Serenado de la Meo. (Manuscrit Bibl. de Carcassonne, n° 9910).

XIXe SIÈCLE

LITTÉRATURE RELIGIEUSE

— La Naissance du Sauveur, ou Noëls nouveaux, en français et en patois, composés par divers auteurs, tant anciens que modernes, sur les airs les plus connus. Narbonne, Decampe, s. d. in-12 carré, 32 p.

(Noulet, *Hist. Litt. des Patois* II, p. 203, cite cet opuscule comme appartenant au XVIIIe siècle; en tout cas il daterait tout à fait des dernières années).

— Recueil des plus beaux Noëls, soit français soit patois, composés par divers auteurs sur les airs les plus connus. Narbonne, Decampe, s. d. in-12 long, 24 p.

(Ces Noëls sont différents de ceux du Recueil ci-dessus; mais l'époque d'impression est sensiblement la même).

— Recueil des plus beaux Noëls, soit français soit patois, composés par divers auteurs sur les airs les plus connus. Narbonne, Decampe, s. d. in-12, 48 p.

(De quelques années postérieur au précédent; malgré des titres identiques renferme des Noëls différents).

— Exercici penden la Messo. Carcassonne, Heirisson, an VIII, in-12.

— Noué prouvençau, sur l'air *deis Ouvergnat*, Narbonne, Decampe, s. d. (1814), in-12, 4 p.

— Noëls nouveaux, en patois, pour l'année 1826. Carcassonne, Gardel-Teissié, in-12, 8 p.

— Noëls nouveaux pour l'année 1827. Carcassonne, Gardel-Teissié, in-12, (édition augmentée).

— Noëls nouveaux, français et patois, pour l'an de grâce 1828. Carcassonne, Gardel-Teissié, in-16, 12 p.

— Recueil contenant les proses et hymnes des heures de Carcassonne, en vers patois, avec les mêmes airs du latin, par un ecclésiastique du diocèse de Carcassonne. Carcassonne, B.-V. Gardel-Teissié, s. d. in-12, 276 p. (vers 1825).

(Mahul, *Cartulaire*, I, 30, attribue ce recueil à l'abbé Nérie. — V. ce nom — mais les poésies ne sont pas les mêmes que celles de son recueil).

— Recueil de Noëls patois et français. Nouvelle édition, revue et soigneusement augmentée. Narbonne, Caillard, 1842, in-12, 64 p.

— Festo de Sant-Estievne, patron das Trabalhadous de Fleury. Narbonne, Dedieu, 1868, petit in-8°, 4 p.

LITTÉRATURE CIVILE

— Jutjomen del Tribunal das Cournards.

— Le Raougnidache, opéra en un acte, s. l. n. d., in-12.

(Décrit d'après un exemplaire incomplet de la Bib. de Carcassonne; il n'est pas sûr que ce soit tout à fait le dialecte de l'Aude).

— La Civilitat.

(Poème manuscrit, assez scabreux, mais fort bien écrit et rempli d'allusions à divers habitants de Carcassonne. Doit dater de 1825; nous le possédons; 8 p. in-4°).

— Epitro councernant la Festo dei Courtié de Tarascoun. Limoux, s. n. 1834, in-4°.

— La Bertat, poème en vers patois. Limoux, Villemeur, 1838, in-4°.

— A Moussu Joly, avocat.

(Publiée par le Journal *L'Aude*, 9 Juin 1838. Cette poésie est de Daveau. Il l'a insérée dans ses *Pouesios bariados*, p. 95).

— Le Païre delachat per sous Mainatches, elegio.

(Dans la *Chronique de l'Aude*, 5 Sept. 1840).

— Houmatge a Jasmin, coiffur-poucto d'Agen, en li enbouyan en memo tems, moun appel en bersés francésés que benio d'adressa as mouscailhous de tóut paîs.

(Dans la *Chronique de l'Aude*, 24 Octobre 1840).

— Cabalcado mountado pes feneants de Narbouno, destinado a coumbatre e estermina l'ome rouge cabentur del trabal. Narbonne 1844.

— Cansou noubello per Quaranto-quatre, (12 couplets). — La Fringallo, cansou (11 couplets).

(Manuscrit, in-8°; idiome de Villerouge (Aude) acquis par nous à la vente Noulet).

— Lou Rat de bilo e lou Rat des camps. — La Mort e lou Bousquiè. — L'Hiroundèlo e lous petits Aucèls. — Lou Garric e la Caraveno. — Lou Poul e la Perlo.

(Dans le *Moniteur de l'Aude*, 1844-1845).

— Respounso, s. l. n. d., in-8°.

(V. *Las Grisetos de Narbouno*).

— Counsels a la Junesso, cansou coumiquo, aire de la premièro scottish. Castelnaudary, s. l. n. d. (1845?) une f. in-8°, 2 col.

— Cansou de Carnabal, s. l. n. d., in-12, 8 p.

(Probablement de Narbonne, 1845. — Cité par Cat. de Vallat, n° 1814.

— La Marseilleso Narbounceso; Carrilloun Narbounés, s. l. n. d.

(Narbonne, Sounié, 1848. — Cité par Cat. de Vallat, n° 6861.

— Margarido, s. l. n. d. in-16, 21 p.

(Narbonne, vers 1860 — Cité par Cat. de Vallat, 6808.

JOURNAUX, REVUES, ALMANACHS

Nous rassemblons sous cette rubrique les publications périodiques de l'Aude où l'on trouve des œuvres languedociennes. Nous indiquons aussi des Publications étrangères à l'Aude, mais où l'on rencontre soit des œuvres écrites par des Audois, soit des indications bibliographiques les concernant.

— L'*Abeille de Castelnaudary*. Castelnaudary, Groc.

(Journal hebdomadaire fondé par A. Metgé en 1842; s'est continué jusqu'en 1853. Très intéressante collection où la pléiade des *précurseurs* des félibres dans l'Aude a publié des œuvres nombreuses. — V. Galtier, Peyronnet, Revel, J.-B. Fraisse, Viala, etc. — Cette collection est introuvable).

— L'*Aïoli*, que vai cremant tres fes per mes. Avignon. Seguin.

(Publié sous l'inspiration de Mistral; a commencé à paraître le 7 Janvier 1891. Folco de Baroncelli, rédacteur en chef.)

— L'*Ami du Peuple*. Castelnaudary, Groc.

(Journal hebdomadaire; a paru en 1848 et 1849).

— L'*Armana Prouvençau*, adouba e publica de la man di felibre. Avignon, Aubanel, puis Roumanille, in-16.

(Dans cet Almanach qui a commencé à paraître en 1855, on trouve parfois des œuvres de poètes Audois. Mais il est surtout intéressant par les indications bibliographiques qu'il renferme. Depuis deux ou trois ans ces indications bibliographiques sont portées dans l'*Aïoli* au fur et à mesure de leur apparition. La collection complète de l'*Armana Provençau* commence à se faire rare; l'année 1855 est presque introuvable; sont rares aussi les années 1856-57-58-59-62-63-64-65-66-67-68-73-74-75-78-80).

— *Almanach utile et récréatif*. Narbonne, Caillard, in-32.

(Parait depuis 1854. — V. Caffort. — Collection peu commune).

— *Bulletin de l'Association de l'Aude à Paris*, Paris, Delalain, in-8°.

(Le 1er bulletin a paru en 1884. — Suspendu en 1888-89. — A repris en 1890-91. — Suspendu depuis.

— *La Chronique de l'Aude*, Carcassonne, Pomiès-Gardel.

(Hebdomadaire, du 14 Février au 21 Novembre 1840).

— *La Cigalo d'or*, journau dòu Gai-Sabé, espelissent touti li quingenado, publicat per li Mantenenço de Lengado e d'Aquitani.

(Fondée à Montpellier par L. Roumieux, A. Arnavieille et Alcide Blavet, fit d'abord suite au *Dominique*, fondé par Roumieux à Nîmes le 17 Septembre 1876. Parut pour la première fois du 29 Avril 1877 au 16 Septembre 1877 (52 numéros). — Reprise le 15 Avril 1889 et devenue l'organe officiel des Maintenances félibréennes de Languedoc et d'Aquitaine elle continue à paraître, à Montpellier, deux fois par mois).

— *L'Echo*, Castelnaudary, Labadie.

(Journal hebdomadaire fondé par l'imprimeur Labadie ; dura de 1849 à 1850).

— *Lou Félibrige*, buletin mesadié, Marseille, in-8°.

(Fondé par Jean Monné en Avril 1887 pour remplacer le *Cartabèu* de la Maintenance de Provence. Renferme de nombreuses indications bibliographiques).

— *Le Goudouli*,

(Journal franco-languedocien publié à Toulouse par Marcel Ceren. — V. ce nom. — (N'eut que deux numéros : Novembre, Décembre 1851 qui se sont vendus 10 fr. à la vente Noulet ; ce prix est exagéré).

— *Le Gril*, gazeto semmanalo en parla moundis e gascous.

(Fondé à Toulouse par G. Visner (G. Sirven) ; parait depuis le 8 Février 1891 ;

— *Supplement litterari e artistic en lengo d'oc de "Le Gril"*. Toulouse.

(Ce supplément dont Auguste Fourès avait pris la direction devait être mensuel. Arrêté par la mort du grand félibre, il n'eut que deux numéros : Juillet, Août 1891).

— *Le Lauraguais*, journal des intérêts spéciaux de l'arrondissement de Villefranche-Lauraguais.

— *La Lauseto*, 1877-1878-1879-1885. (V. Fourès).

— *Le Lengadoucian*, ourgane semmanal das felibres e des federalistos del miechjoun. Toulouse, Vialèle.

(Fondé par L. X. de Ricard et P. Esticu, parut à Toulouse du 25 Septembre au 27 Novembre 1892. Treize numéros).

— *Les Muses du Midi*, recueil de poésies françaises et languedociennes, mensuel ; Carcassonne, Polère, in-8°.

(Parut de Septembre 1863 à Juillet 1866. Directeur X. Cazanove. — Collection peu commune).

— *Narbonne Cavalcade*.

Journal tiré à un seul numéro le 12 Juillet 1885, en souvenir de la cavalcade de charité organisée ce jour à Narbonne. Renferme, outre des vers et de la prose en français : Une poésie de Mistral. — Achille Mir : *A Narbouno*. — Auguste Fourès : *Le Calelh*. — X... : *As Messius de la Cabalcado*. — Th. Seguier : *Letro de Paris*.

— *Le Petit Toulousain*.

(Auguste Fourès fut rédacteur en chef de ce journal de 1885 à 1888.

— *La Revue Félibréenne*. Paris, gr. in-8°.

(Fondée par P. Mariéton le 1er Janvier 1885 elle constitue pour la littérature félibréenne la collection de plus en plus complète de ses archives).

— *La Revue Méridionale*. Carcassonne, écu, 4°, G. Servière.

(Fondée en 1886 sous le titre de *Revue de l'Aude* par le bureau de la Société de Lecture de Carcassonne : Achille Mir, président d'honneur ; Achille Rouquet, président ; G. Jourdanne, vice-président ; J. Cabrié, secrétaire. A pris le titre de *Revue Méridionale*, à partir de Janvier 1889, se continue : A. Rouquet, rédacteur en chef.

— *La Revue des Langues Romanes*. Montpellier, in 8°.

(Fondée à Montpellier par la *Société pour l'étude des Langues Romanes* en 1870. Plusieurs auteurs et poètes de l'Aude y ont écrit ; nombreux renseignements bibliographiques, malheureusement supprimés depuis deux ou trois ans).

TABLE

Imprimé
PAR G. SERVIÈRE
CARCASSONNE
1896

Carcassonne. — Typ. G Servière.

www.ingramcontent.com/pod-product-compliance
Ingram Content Group UK Ltd.
Pitfield, Milton Keynes, MK11 3LW, UK
UKHW020956220726
13924UKWH00002B/731

9 782019 914103